日本法制史

三浦菊太郎著

明治三十三年發行

日本法制史

日本立法資料全集 別巻 1151

信山社

文學士三浦菊太郎著

日本法制史

東京　博文館藏版

例言

一　此書先つ筆を神武帝建國に起し鎌倉室町豐臣德川の法制の沿革を記し明治維新以前に止む建武中興のとに及ばざりしは其法制の未だ全國に普からずして早く既に頽廢に趣きたるを以てなり

一　明治時代の法制を記さゞりしは其事既に耳目に新にして且紙數限りあるを以てなり

一　上古中古の二期は形勢太だ異る所あれども只天皇親政は即はち同しきを以て是を一時代と見做して記述せり

一　此書は重を王朝鎌倉及江戸の三時代に置きたり盖し前二者は後世の法制の由て來る所江戸は其事多く今日と連絡するを以てなり

明治三十二年八月二日

著者識

日本法制史目次

緒言……一頁
第一編　神武帝建國より鎌倉開府以前に至る……七
第一章　貴賤の階級……七
第一節　上古……七
第二節　中古……九
第二章　官制……一〇
第一節　上古……一〇
第二節　大化より養老に至る……一四
第三節　官名の類別……二二
第四節　四部官……二二
第五節　唐制との比較……二三
第六節　令以後の沿革……二六

第三章　爵位の制度……三八
第一節　上古……三八
第二節　大化以後の改正……三九
第四章　土地の制度……四四
第一節　上古……四四
土地の種類――土地の測定
第二節　大化の改正……四七
土地の種類――口分田、位田、職田功田、宅地、園地――沿革
第五章　租稅の制度……五九
第一節　上古……五九
租――徭役――貢
第二節　大化以後の租稅……六三
租――大化二年の租法――大寳令租法――和銅租法――地子――租稅の免除――調――大化二年の調――大寳令の調――庸――大化二年の庸――大

賓令の庸――租庸調以外の收入
第三節　財政の機關……七四
第四節　租庸調制度の頽廢……七四
第六章　交通の制度……七八
第七章　軍事制度……八一
第一節　上古……八三
將帥――編成――軍需――地方武官
第二節　中古……八五
令以前の沿革――編成――出師――健兒――烽
第三節　令以後の沿革……九三
六衞府――總管、鎭撫使、節度使、兵事使――東國の兵備、六衞の減員――檢非違使、瀧口武者、北面――武士
第八章　社寺の制度……九六
第一節　上古……九六

第二節　中古……九八
第三節　佛寺……九八
第九章　教育制度……一〇一
第十章　司法制度……一〇四
第一節　上古……一〇四
民事法―刑事法―訴訟手續
第二節　中古……一〇七
民事法―人―物―所有權―債權法―家族法―訴訟手續―
刑事法―裁判管轄、審問、判決―刑法―刑罰、減等―赦―治罪
第二編　鎌倉時代……一三二
第一章　職制……一三二
第一節　中央職員……一三二
第二節　在京職員……一四〇
第三節　地方職員……一四三

第二章　土地の制度……一四九
第一節　土地の種類……一四九
第二節　土地の測定……一五八
第三節　田文、田券……一五九
第四節　貫高……一六〇
第三章　租税の制度……一六二
第一節　田租……一六三
第二節　地子……一六六
第三節　神寺税……一六六
第四節　雑税……一六六
第四章　交通制度……一六七
第五章　軍事制度……一六八
第六章　司法制度……一七〇
第一節　法律……一七〇

第二節　民事法……一七四
第三節　刑事法……一九三
犯罪の種類――刑罰――縁座――加重――訴訟手續
第三編　室町時代……二〇〇
第一章　職制……二〇〇
第二章　租稅制度……二〇六
第三章　交通制度……二〇九
第四章　司法制度……二〇九
第一節　法律……二〇九
第二節　民事法……二一〇
第三節　刑事法……二一二
第四節　訴訟手續……二一二
第四編　豐臣氏時代……二一三
第一章　職制……二一三

第二章　土地の制度……二一三
第三章　租税の制度……二一三
第四章　交通制度……二一八

第五編　江戸時代……二一九

第一章　社會の秩序……二一九
第二章　職制……二二二
第一節　中央職員……二二三
第二節　地方職員……二三〇
江戸——京都——大阪、伏見、奈良、堺——東海道——中仙道——遠國奉行
第三章　土地の制度……二三六
第四章　租税の制度……二三七
第一節　田租……二三七
第二節　賦租の方法……二四一

第三節　雜稅……二四三
第四節　營業稅……二四三
第五節　海關稅……二四九
第六節　德川氏の歲入……二四九
第七節　收納、石代、納期……二四九

第五章　公家に對する制度……二五一

第六章　諸侯に對する制度……二五四

第一節　階級……二五五
第二節　待遇……二五六
第三節　權限義務……二五六
第四節　武家諸法度……二五七
第五節　參勤交替……二六〇
制定――例外――沿革――廢弛――幕府の待遇――獻上、拜領及音物――從者

第七章　地方制度……二七九
第一節　幕府直轄地……二七九
江戸――地方
第二節　知行所……二八六
第三節　大名領地……二八六
第四節　城下……二八七
第八章　社寺の制度……二八八
第九章　軍事制度……二九二
第一節　將帥……二九二
第二節　兵員……二九四
第三節　出師……二九六
第十章　交通制度……二九六
第一節　職司……二九七
第二節　往還……二九八

第三節　驛傳……二九八
第四節　助鄕……二九九
第五節　通信……三〇〇
第六節　關……三〇三

第十一章　司法制度……三〇五

第一節　法律……三〇六
第二節　裁判所の構成及管轄……三〇九
第三節　訴訟手續及判決……三一二
第四節　民事法……三一六
婚姻——養子、相續——土地
第五節　刑事法……三二一

日本法制史目次終

日本法制史

文學士　三浦菊太郎著

緒言

上下二千五百有餘載萬世一系の聖天子上に在して仁慈洽からざるなく蒼生下に在りて克く忠に克く孝に金甌缺くることなく天地と共に長なる我大日本帝國は其國躰に於て永く渝ることなしと雖とも古來時に治亂あり世に隆替あり將た國運進歩の種々の階段に於て又內外國の交涉に於て其法律制度は各時常に同じきを得ざるなり蓋し法律制度は國運の反映にして猶形と影との如く形動けは影之に隨ひ影止まるもの形必す動かざると一般國運の進歩するもの法制亦隨て進歩し法制の靜止するもの國運亦必す靜止せるなり

古今東西の邦國殆んど其數を知らざれども其國運は一日として靜止せるもの未だ嘗てこれあらず進まざれば必す退き榮えざれば必す滅ぶ故に又法制の古

今同しからざるは素より其所なりとす
各國法制の常に變遷するは即はち一なり只其變遷は進歩にあるか將た退歩にあるか若し進歩にありとすれば如何の道途よりせしか將退歩にありとすれば如何なる方面よりせしか是れ則はち同しからざる所とす而して此の如き各國の相異る所換言すれば法制沿革の由て來る所と變遷とを研究するは即はち法制史學の目的にして日本法制史學は日本法律制度の沿革並に其原因結果を叙するを目的とするものなり
古來我國勢の奈何を顧るに神武天皇建國の偉業は猶容易に完を告けず其後幾代幾百年の間は東に蝦夷あり西に熊襲あり更に海を隔てゝ三韓あり而して國內處在醜類の動もすれば朝命に反抗するありて我大和民族は未だ一日も其枕を高ふするを得ざりしかば君臣心を一にして東奔西走國家の經營に務め日本武尊の東下を以て蝦夷を定め神功皇后の征西を以て九州三韓を平げ是に始めて建國の偉業を大成し國家少しく安きを得たり而して此間は實に我國運伸張の時期にして外艱の多きに隨ひ國民の奮勵愈々强く極めて簡易なる不文の制

度も以て國民を統理するに足り國內事無かりしも外艱一たび止みて漸く守成の時期に入らんとするや制度の完全ならざるを利して臣連等次第に土地人民を私し其中强大なる者に至りては勢威漸く皇室を凌ぎ遂には殆んど制抑すべからざるものありき是より國勢稍振はず三韓屢多事にして欽明帝の時終に任那官家の滅亡となり僅に太宰府を筑紫に置きて偏に我國疆を嬰守するに汲々たり是を上古の形勢となす

中大兄皇子等相謀りて權臣蘇我氏を誅して皇威を恢復し尋て孝德天皇即位するに及び大に制度を改革し土地人民を擧げて朝廷の有となし外國の交涉を避けて專ら內政の整頓に鋭意し隋唐の制に倣ふて大に法制を定め元正天皇養老年中に至りて始めて大化改新を完成せり此間制度の改革法律の更定極めて頻繁にして新法新令踵を接して起り智識の程度猶高からざる一般の人民は未だ一法令の意義を會得せずして早く既に新法令の頒布に遇ひ殆んど應接に遑なく只眼を眩するのみなりき而かも此頃の法制は只隋唐の美に倣ふに急にして我國情及智識習慣等を顧みるに遑なかりしことなれば此時代は世に律令制

定時代と稱すれども寧ろ律令濫定時代或は律令試驗時代といふべきなり
養老以後清和天皇即位に至るまでは守成の時期にして時々格式を以て律令を補正するとあれども要するに前代の制度を墨守して晏如たるものなりき
清和天皇以後外戚權を專にするに至り大化以來の文華修飾は次第に其度を進め人民殆んど其禮文の繁縟に堪えず加ふるに諸般の法制皆古來の典型により只死文死法を固守して世と推移することなきを以て人心の倦怠最も甚しかりき」
以上は中古の形勢にして之を要するに外觀極めて美にして内は則ち繁なるものなりき

中古の末朝廷文弱の弊極まるに際し源頼朝其父祖が東國に扶植したりし勢威に頼りて平氏を亡ぼし朝廷を壓し府を鎌倉に開くや武家の特質なる率直と不文とは其制度の上にも同樣にして外觀の美是無しと雖とも而かも簡易直截にして毫も繁縟の跡なかりき是事最も時宜に適中したりしかば天下の人心翕然として之に嚮ひ以て百五十年の治を致すを得たり偶元寇ありて北條氏其財力を盡し以後多く武士の望を失ひ後醍醐天皇之を討滅し王朝の政治を恢復する

に至りしが天下の武士人民は王朝繁冗の政を嫌ふの念猶舊の如く久しからずして文室町幕府なる武門政治を見るに至れり

室町幕府の法制は全く鎌倉の法制に據り大同小異なりしと雖も其京師に在るにより自から文飾の病に染み遂に强臣の跋扈跳梁を制する能はず日に月に其勢威を失し久しく虛名を擁するの後自から滅亡せり

豐臣氏は武門政治に多少王政の痕跡を加へて天下に號令せしも其治久しからずして滅亡せり

德川氏府を江戶に開き又天下に號令せしが其法制は多少鎌倉室町の遺制に倣ひたる所なきに非れども多くは自己獨創のものにして上朝廷に對し下諸侯人民に臨み其抑壓制御の法は用意極めて周到にして古今東西を問はず封建制度中最も至れるものゝ一なりとす而して其法律は要するに簡易と實用とを旨とし文字の質なると意義の明なるとは江戶幕府の特質にして我國古來未だ嘗て有らざる所なりとす

前既に記したるが如く常時同しからざるは法制にして永久同しかるべきは國

躰なり凡そ我國神武帝の皇胤世々相繼き萬機を總裁したまふを以て國の躰となし決して人臣をして大權を握らしむるを許さゞるなり而して時に張弛あり少らく之を以て臣下に假したることなきに非るも只是れ一時の變調にして終に其原に復すべきは素より其所なれば德川氏にして奈何に法制を周密ならしむるも將强盛の兵力を蓄ふるも到底久しき能はざるは初より疑を容れざるなり而して時に聖天子上に在し加ふるに內獘と外患とを以てす是に於てか江戸幕府自から滅びて四民又王政の惠に浴するを得たり

以上幾多の變遷により法律制度亦隨て推移せしが此系統を尋ねれば略左の如しとす圖中線の細大は準據する所の多少を示し自己と記したるは自己獨創の法制を云ふなり

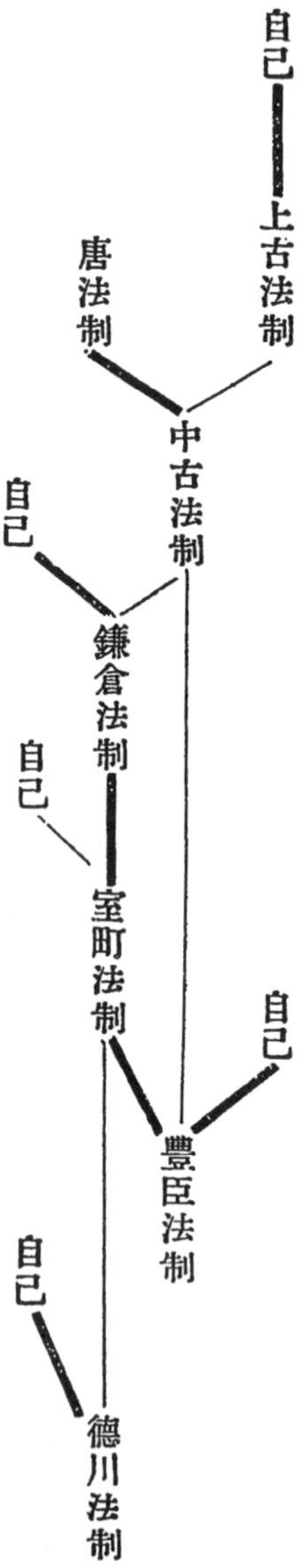

第一編　神武帝建國より鎌倉開府以前に至る

第一章　貴賤の階級

上古賤民の起因及消滅

社會成立の始に於ては血脈の尊卑戰鬪の勝敗貧富の懸隔等により何國に於ても多くは良民賤民の區別を生するものにして我國に於ても亦家人奴婢等の賤民あり蓋し希臘羅馬の古に於けるが如く(第一)征服(第二)賣買(第三)負債(第四)出生(第五)沒官(第六)和略等より來れるものにして同時に又(第一)解放(第二)訴訟(第三)絕戶(第四)出家(第五)癈疾(第六)老年(第七)特典等によりて消滅す而して其中にも高下の別所屬職業の差ありて各相仝しからず今時代により一々之を左に列記す

第一節　上古

賤奴

第一、賤奴(ヤツコ)　上古の賤民中最下等のものにして畜類若しくは貨と仝一視せられ生殺賣買等の權等は一に其所有主の手中にあり富者は多く賤奴を有し以て農桑に使役せり

家人

第二、家人（ヤケヒト）　家人は賤奴の上にあれども尚賤民なり只其賤奴の上にありと云ふは令中に奴婢家人を放て家人及良民となすとあり又家人は賣買するを得ずとあるにて知るべし然れども要するに一種の賤民なるを以て良民と結婚するとは許されざりき家人の生したる原因は族人中猶自立するの資なくして世々其宗家に附屬せしが年を經て玆に主從の關係を生し遂に一種の賤民となりたるなるべし

後世武家の盛なる頃家人と云ふは其字を使用し之を音讀したるものにして賤民にはあらざるなり

部曲之民

第三部曲（トモベ）之民　古我國は氏族を以て基とし各氏人は之に從屬する部曲の民を使役して其世襲の職を營みたり部民の首領を伴緒と云ふ其數甚た多きを以て或は八十伴緒と云ひ又百八十部と云へり

部曲の民は純粹の賤民にあらず又尋常の良民にあらず寧ろ良賤の間に立つべきものにして氏人は之を役して其定職に從はしむと雖も其他の事に驅使することを得ず賣買生殺等は素より其權內にあらざるなり後大化改新の時廢せられ

中古賤民の種類及等級

て良民の中に入れり

第二節　中古

大化改新の時主として部曲の民を廢し是を良民中に編入せしが令出つるの後賤民を分ちて五種とす則はち左の如し

第一陵戸　第二官戸　第三家人　第四公奴婢　第五私奴婢

右は併せて其等級をも示すものにして賤民中陵戸は最も高く私奴婢は最も卑しきものなり

第一、陵戸　山陵を守る者にして一戸を爲す

第二、官戸　官府に屬して其使役に服し一戸を爲す

以上二者は等級略相似たるものにして公奴婢年六十以上の者、官奴婢中の癈疾者。家人奴婢にして其主人若くは主人五等以上の親族と姦して生みたる男女子の沒官せられたるもの、或は良民の罪ありて沒官せられたるもの、若くは叛逆人の家人の沒官せられたるものより、成る

第三、家人　既に述べたる所にして一戸を有せず其主に隷す

第四、公奴婢　公に屬する奴婢にして一戸を爲さす從來の官屬の賤奴なり

第五、私奴婢　一私人の資產にして從來の私有の賤奴なり

公私奴婢は其等級略同しけれども多少の高下ありて公奴婢の口分田は私奴婢よりも多し而して是等賤民をして其階級を沒し或は良と混するなからしめんが爲めに令中特に陵戸、官戸、家人、公私奴婢皆當色爲婚の規定あり又其他の令を以て良賤の區別を正しからしめしが後朝綱漸く弛み律令の効力薄きに至り良賤の區別混淆し中古より近古に至り賤民の名實共に空しきに至れり

第二章　官制

第一節　上古

上古官制

官、職、氏の一致

上古は我國臣民皆其世襲の職を以て天皇に仕へたり故に職名は即はち官名にして又移じて以て氏名となし官と職と氏とは常に同一の名稱に出でたることと例せば中臣の祭禮を司るは其の神と人との中に立ちて事を行ふの義より出でゝ中臣なる語は朝廷に對しては官名たり自己の一身より云へは職名たり人民

上下の統率

相互に對しては氏名たるが如きなり而して同一族即はち同一氏中其宗族を大氏と云ひ支族を小氏と云ふ大氏は一族中只一あるのみにして天皇に直隷し以て數多の小氏を統率し大氏、小氏、皆各曲部の民及家人賤奴を有す其相關聯するの狀左の如くにして以て各氏世襲の職(即はち官)に從事したりき

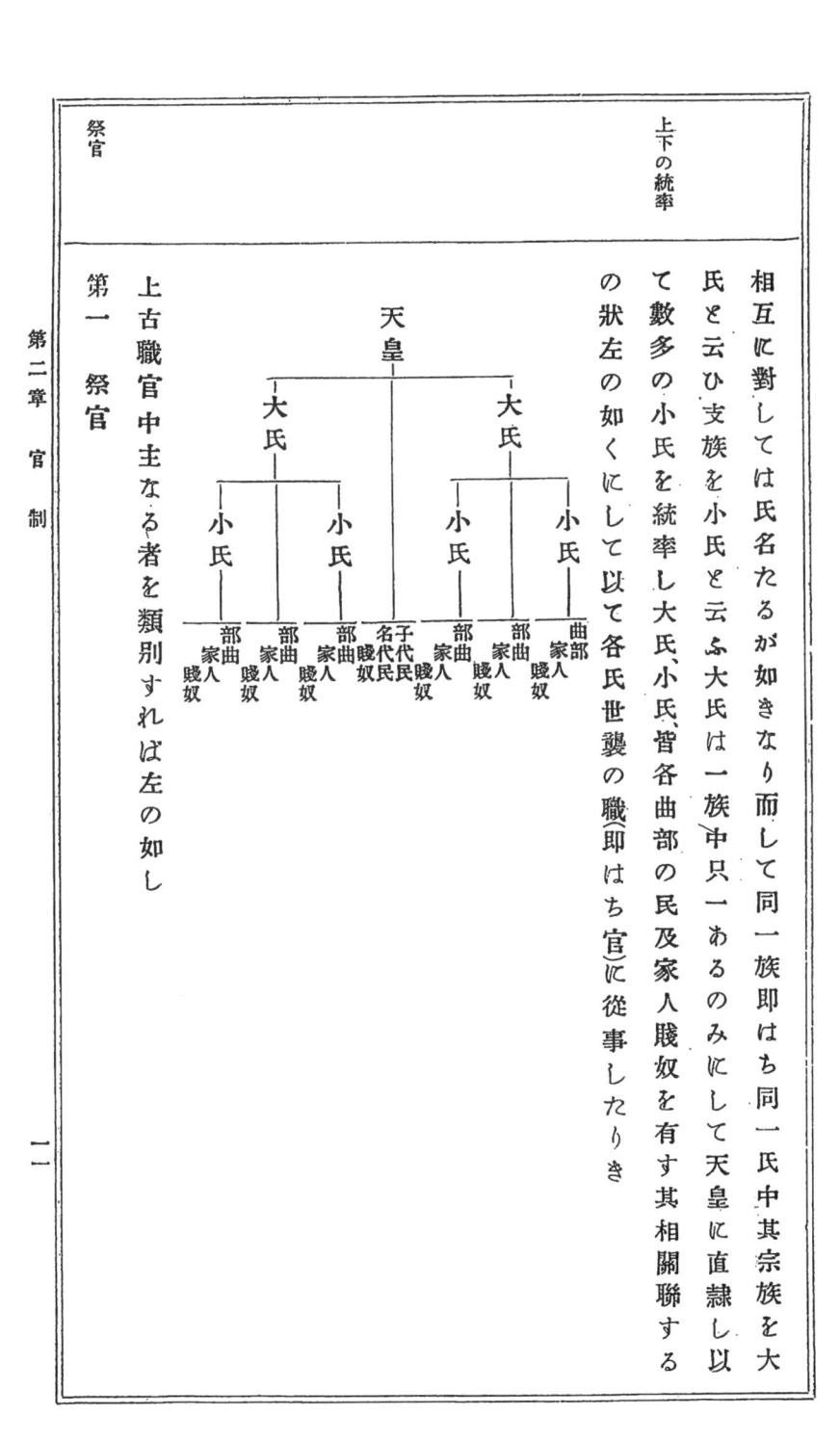

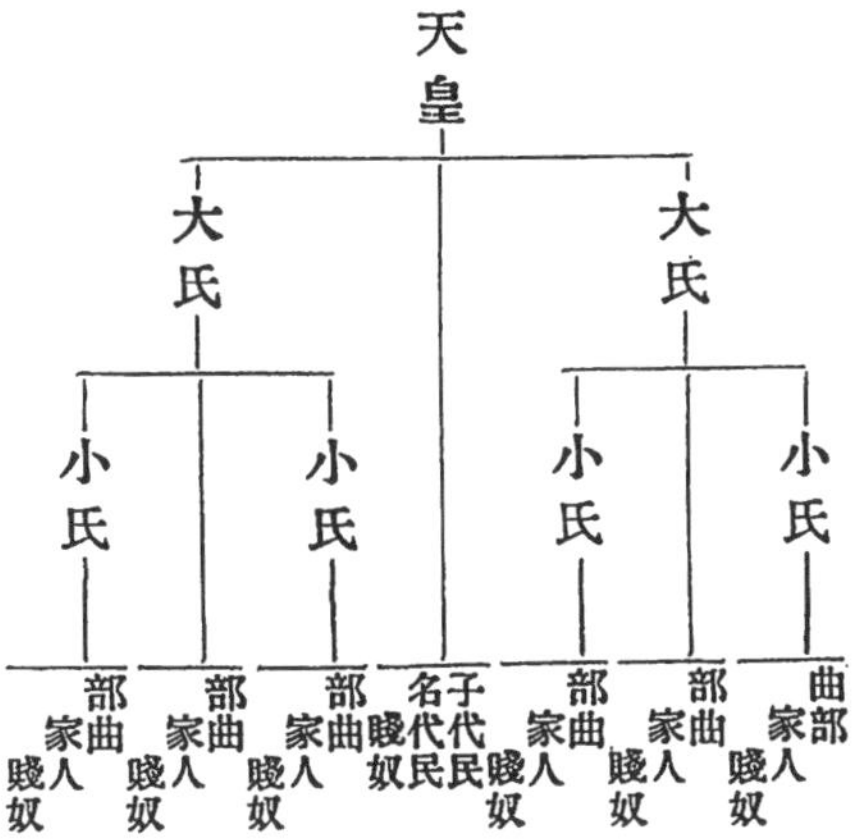

祭官

上古職官中主なる者を類別すれば左の如し

第一　祭官

上古は祭政一致にして祭祀に與かるものは官吏中の高等なるものなり之に從ふもの次の如し

中臣連　神と天皇との中を執事し祝辭解除占卜を司り中臣部、卜部の兩部曲を師ゆ

齋部首　諸般の祭具の製作を司り各地の忌部、玉作、倭文以下の諸部を師ゆ

政官

第二　政官

上古特に政事にのみ參するものを中食國政大夫又單に「マヘツキミ」と云ふ天皇の御前に侍するの義にして大臣、大連の二官あり共に雄略天皇の朝に始まる(此前既に大連の稱あれども其常置の官に非ざることは先人既に説あり)大連は神別の裔なる物部連、大伴連中より任命し連姓の諸氏を統轄し大臣は皇別の蘇我氏、平群臣、許勢臣中より任命し臣姓の諸氏を統へしむ

地方及其他の官職

第三　地方官及其他の官職

山海の官には阿曇連あり凡海連、吉備海部直、但馬海直、紀伊海部直、阿波海直、青海直、韓海部首(歸化人の海部を司る)吾瓮海人、磯鹿海人淡路御原海人、淡路野島海人、

淡路海人、阿波長邑海人等之に屬して漁獵のことを司り山部連あり小月之山君、春日之山君、佐々紀山君、宇治山守連、長谷山直、山部、山守部等之に屬して山林の事を掌る

天皇の御料地を御田屯倉と云ひて之を司るものを屯田司と云ふ屯倉首、田部連、白猪史、縣、犬養連、舂米連、田部、钁丁、舂米部等皆此種の官なり

官物の收藏保管を司るには齋藏、內藏、大藏あり大膳の職には大鳥膳臣膳夫部、主水部等あり衣服の職には長幡部連、服部連、衣縫造、狛染造、等あり

記錄の官は文學の我國に傳はりてより後諸國に置かれたるものにして史部、文部等皆之に屬し舞樂には猿女君、彈琴等あり祭葬其他一般の禮儀に參す

土工には土師連等あり遊部、石棺作、陵守等之に屬す其掌る處は土器の製作及喪儀等なり工匠には木工、鍛工以下あり

地方官には國造あり各其地に封せられ王化を傳へ其保安に任し縣主ありて御料田を掌る

第四　武官

天下事あれは大元帥は即はち天皇にして天皇の命を受け諸軍を部署するもの之を大伴連、久米直、物部連等とす其中大伴、久米二氏は部人を師ゐて天皇に從屬し物部氏は兵器を帶ひ皇居を警衞するの別あれとも有事の日軍に從ひ兼ねて常時刑罰を司るは三氏共に同じとす是等の將帥に從屬するものを大伴部、久米部、五部造、天物部、二十五部、十箇品部等とす

將軍（イクサノキミ）は臨時の官にして事の必要に際し是を任命す崇神帝の朝に四道將軍を派したるが如き是なり

太宰（オホミコトモチノツカサ）は大詔を奉し國疆にありて西海を統轄し併せて外蕃を鎭す府は筑前御笠郡にあり始め我國三韓を服し宰を置き之を鎭せし、が後漸く勢力を失墜し欽明天皇の朝に任那の官家滅亡するに及び我威全く鷄林に溥し由て防衞の爲めに宣化帝のときより設置せる那津の官家を以て大宰府とし西海を統馭し兼ねて三韓を控制せしめたり

第二節　大化より養老に至る

大化の改新により上古以來の官職世襲を全廢し左右大臣內臣を以て百官の長

とし以て朝綱を振肅せしめ地方には國司郡領を派して之を治めしむ是れ蓋し中大兄皇子及中臣連鎌足の獻替する所にして其後時々損益する所ありしが文武天皇大寶元年(紀元千三百六十一年)に至りて大に定まれり

大寶令の官制

凡大寶令定むる所の官制の大略を云へば祭政二官を分置し祭事は神祇官ありて之を司り政事は太政官ありて之を總へ八省百官皆之に屬す別に彈正臺あり五衞府、馬寮、兵庫あり左右春宮坊、儲宮あり地方には國司あり邊陲には太宰府あり鎭守府あり系統相承け首尾相次き其制最も備はれり即はち左の如し

神祇官

神祇官　神祇の祭祀、祝部、神戸名籍、大嘗、鎭魂、御巫、卜兆等を司る

太政官

太政官　紀綱を擧持して天下の大政を統べ太政大臣(師範一人、儀形四海、經邦論道燮理陰陽、无其人則闕云々とありて若し其人を得されは此官を闕く故に又則闕の官と稱す)是に長たり

八省

中務省　至尊に侍從して可否を獻替し詔勅の文案を審署し宣旨、勞問の事を司とり上表を受納し國史を監修し女王及五位以上の女官の名帳、考敍、位記を掌り兼て諸國戸籍、租調帳、僧尼の名籍を掌り左の職、寮、司を管す

左右大舍人寮　陰陽寮
圖書寮　畫工司
中宮職　內藏寮　內藥司
縫殿寮　內禮司

式部省　內外文官の名帳、考課、選敍、禮儀、版位、位記を掌り勳績を校定し論功封賞、朝集、學校、貢人の策試、祿賜、假使、家令の補任、功臣家傳の田等のとを掌り左の二寮を管す

大學寮　散位寮

治部省　本姓、繼嗣、婚姻、祥瑞、喪葬、贈賻、國忌、諸蕃の朝聘等を掌り左の寮司を管す

雅樂寮　諸陵司
玄蕃寮　喪儀司

民部省　諸國戶口の名籍、賦役、孝義、優復、蠲免、家人、奴婢、橋道、津濟、渠池、山川、藪澤、諸國の田等を掌り左の二寮を管す

主計寮　主税寮

兵部省　内外武官の名帳、考課、選敍、位記、兵士以下の名帳、朝集、祿賜、假使、兵士の差發、兵器、儀仗、城隍、烽火、等を掌り左の五司を管す

兵馬司　造兵司

鼓吹司　主船司

主鷹司

刑部省　鞫獄、刑名を定むること、疑讞を決すること、良賤の名籍、囚禁、債負等を掌り左の二司を管す

贓贖司　囚獄司

大藏省　出納、諸國の調及錢、金銀、珠玉、銅鐵、骨角齒、羽毛、漆、帳幕、權衡、度、賣買の估價、諸方貢獻の雜物等を掌り五司を管す

典鑄司　掃部司

漆部司　縫部司

織部司

彈正臺
五衞府

宮内省　出納、諸國の調、雜物、舂米、官田、御食産の奏宣、諸方の口味等を掌り一職四寮十三司を管す

大膳職

木工寮　内掃部司
大炊寮　内染司
典藥寮　内膳司
主殿寮　鍛冶司
正親司　園池司
造酒司　采女司
官奴司　主油司
土工司　筥陶司
主水司

彈正臺　風俗の肅清、内、外非違の彈奏を管掌す

衞門府　諸門の禁衞、出入、禮儀、巡檢、及隼人の門籍、門牓を司どり一司を管す

隼人司

左右衛士府　宮掖の禁衛、隊仗の檢校、巡察、衛士の名帳、差料、大備、陳設、車駕の前驅後殿等を司る

左右兵衛府　兵衛の檢校、閤門の分配、巡檢、車駕の前後衛、左右兵衛の名帳、門籍を司る

左右馬寮　閑馬の調習、養飼、供御の乘具、穀、草の配給及飼部の戸口、名籍を司る

兵庫

左右兵庫　左右兵庫の儀仗、兵器、安置、出納、曝涼、受事覆奏を司る

内兵庫　管掌は前者と略仝し

地方官

以上皆中央政府に屬するものにして次に地方官を置くと左の如し

左右京職　左右京の戸口、名籍百姓の字養、所部の糺察、貢擧、孝義、田宅、雜徭、良賤、訴訟、市廛、度量、倉廩、租調、兵士、器仗、道橋、過所、闌遺の雜物、僧尼の名籍を司る

東西市司　財貨、交易、器物の眞僞、度量の輕重、賣買の估價、非違の禁察を司る

以上二職は帝都の市政を司る

攝津職　津國(攝津)を治むるものにして其管掌は略左右京職の左右京に於け

ると同じくして加ふるに祠社、農桑、勸課、上下の公使、郵驛、傳馬のことあり

太宰府　西國の鎮にして兼ねて筑前國を治む其管掌は略攝津職の如くにして加ふるに烽候、城牧、蕃客、歸化、饗讌の事あり蓋し外人と相接するを以てなり官名は主神ありて祭祀を司り帥ありて府の管掌を行ひ大少貳之を輔け其下に大少監ありて府内の糺判、文案の審署を掌り稽失を勾へ非違を察し大少典ありて受事上抄、文案の勘署、稽失の檢出、公文の讀申を掌るの外大少判事、大少令史、大少工、博士、陰陽師、醫師、竿師、防人正、令史、主船、主厨等あり

國　國は其廣狹により大上中下の別あり守の管掌する所攝津職と仝しく只陸奥出羽越後は太宰府に同じく壹岐、對馬、日向、薩摩、大隅は貶賊の捍衞及關あるの國は關剗關契を掌るの別あり

郡　國の下に郡あり大少により大上中下小となす

軍團

地方の軍團の制左の如し

大毅　軍團の長として兵士の檢校、戎具の充備、弓馬の調習、陣列の管閲を管掌し其下に少毅二人、主帳一人、校尉五人、旅師十人、隊正廿人あり

右の外後宮、東宮、親王に奉侍する官司次の如し

後宮

後宮職員　妃、夫人、嬪、の官名あり管掌する所次の十二司なり

内侍司　藏司
書司　藥司
兵司　闈司
殿司　掃司
水司　膳司
酒司　縫司

東宮

東宮職員　東宮の職員には傅、學士ありて東宮の道德輔導を掌り事務には春宮坊あり大夫以下四部官之に奉仕し左の三監六署を管掌す

舍人監　主工署
主膳監　主書署
主藏監　主醬署
主殿署　主兵署

主馬署

家令職　親王の階級により文學、家令、扶、大少從、大少書史を附すること差あり

內親王も亦此に準す

第三節　官名の類別

官名類別

百官を類別すること左の如し

一、職事官　諸司の執掌あるものを云ふ

一、散官　執掌なきものを云ふ

一、文官　祭事政務等を司るものを云ふ

一、武官　五衞府、軍團及總て兵仗を帶ふるものを云ふ

一、內官或は京官　總て在京の官吏を云ふ

一、外官　總て地方に在る官吏を云ふ

第四節　四部官

四部官

總て內外諸官皆長官、次官、判官、主典の別あり是を四部官と云ふ例へは神祇官の伯、副、祐、史八省の卿、輔、丞、錄衞府の督、佐、尉、志國の守、介、掾、目の如し長官は官中の大

事を裁決し次官之を輔く之を總判と云ふ判官は官内の小事を知る之を糺判と云ふ是等四部官の外史生、使部、伴部、の類あり之を雑任と稱す

第五節　唐制との比較

以上の官制は大抵基を唐の制に取り國情によりて斟酌したるものにして之を唐制に比較するに唐には六省九寺五監あると次の如し

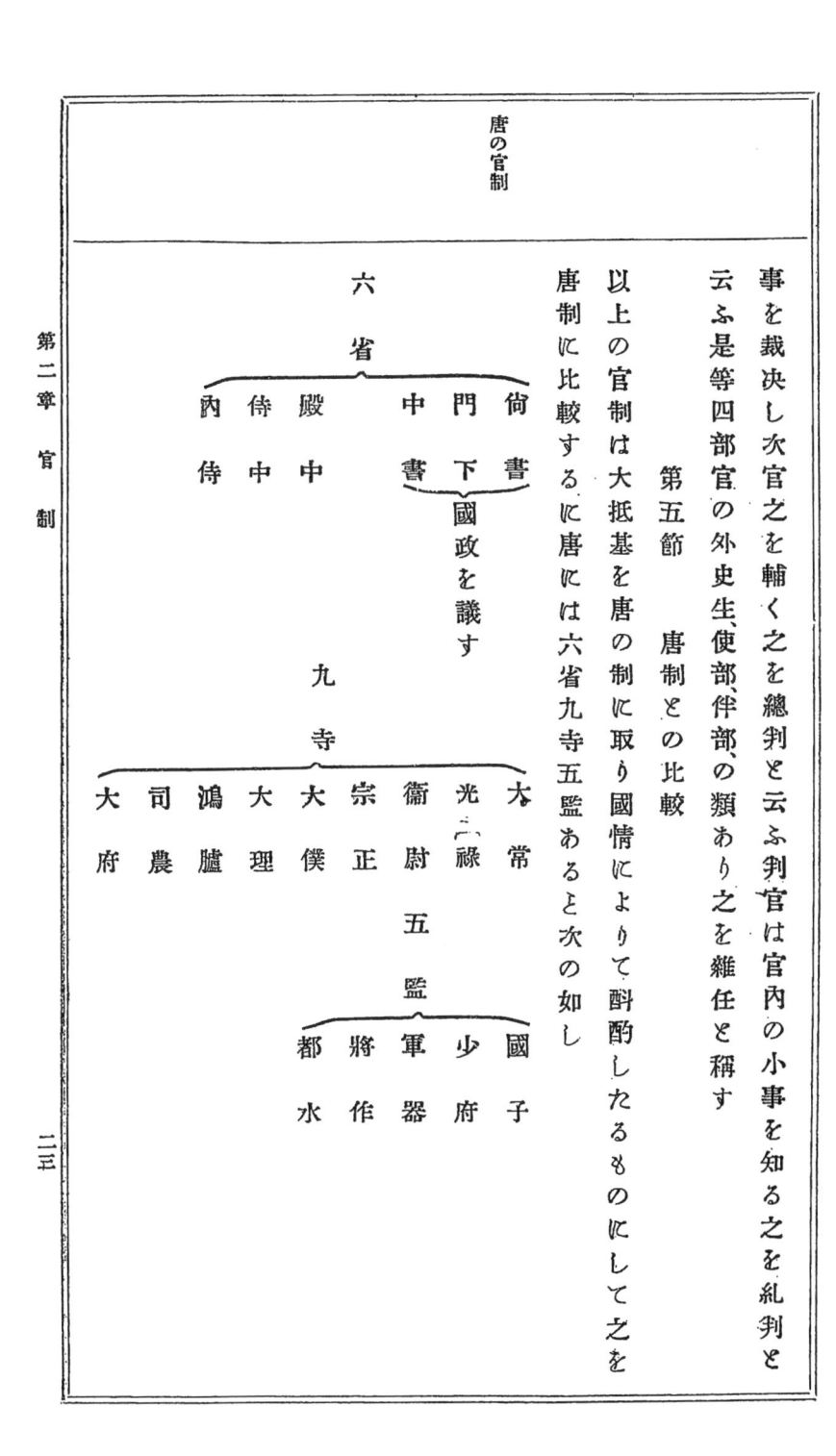

六省
- 尚書
- 門下
- 中書
  - （門下・中書）國政を議す
- 殿中
- 侍中
- 内侍

九寺
- 太常
- 光祿
- 衞尉
- 宗正
- 大僕
- 大理
- 鴻臚
- 司農
- 大府

五監
- 國子
- 少府
- 軍器
- 將作
- 都水

我國との比較

六省は大政を議する所にして其下に六部二十四司あり

- 吏部
  - 吏部
  - 司封
  - 司勳
  - 考功
- 禮部
  - 禮部
  - 祠部
  - 膳部
  - 主容
- 刑部
  - 刑部
  - 都官
  - 比部
  - 司門
- 戸部
  - 戸部
  - 度支
  - 金部
  - 倉部
- 兵部
  - 兵部
  - 職方
  - 駕部
  - 庫部
- 工部
  - 工部
  - 屯田
  - 虞部
  - 水部

今兩制を比較するに左の如し

一、我國の神祇官は唐の大常寺に相當するものにして我國にありては官省の第一位にして唐にありては六部の下九寺の上にあり蓋し我國神祇を尊崇する厚きの故なり

二、我國の太政官は唐の尙書省に門下省を併せたるものにして唐の尙書令左右

僕射は我國の太政大臣、左右大臣にして共に宰相の任なり只我國には三公三師の空名を設くることなし

三、我國の中務省は唐の中書省に相當するものにして唐にありては三省の一にあり我にありては之を下して八省の一位とす

四、我國の八省は唐の中書省六部及大府寺に相當するものにして中書省を下し大府寺を上ぼせたるものとす則はち左の如し

中務	中書	式部	吏部
民部	戸部	治部	禮部
宮内	工部	大藏	大府寺
兵部	兵部	刑部	刑部

五、我國の諸寮司亦皆彼國に準據す

主計寮	度支司	主税寮	倉部司
木工寮	將作司	主殿寮	尙舍局(殿中省)
内膳司	尙倉局	内藥司	尙藥

縫殿寮――倘衣局　圖書寮――秘書

以下略す

六、國土の廣狹風俗の差異により彼に大にして我に小に彼に重く我に輕きあり故に變易すること少なからず

司農　民部省に併す　衞尉、大僕　兵部省に併す

大理　刑部省に併す　光　祿　宮內省に併す

御史臺　彈正臺と稱し其中三院を減す

六軍　五府とす

以下略す

第六節　令以後の沿革

大寶令により八省百官の制儼然として定まりしが爾後時代を經るに隨ひ世運幾度か變遷して一々舊制を墨守すべからさるが爲めに時宜に隨ひ之を變更し官たるとあり或は一代の勢家の自己の便益を計らんが爲めに其權を濫用して官制を變更したるもありて保元平治の頃に至りては大に大寶の制と仝しからざ

るものあり故に今其序を追ふて變更創設の主なるものゝみを列擧せんとす

一　中央政府

參議　天平三年に創置す其職は宮中の政を參議するにありて中納言の下少納言の上にあり大寶二年に參議の字見えたれとも正官となりたるは此年にあり平城帝大同元年始て六道の觀察使を置き參議をして之を兼ねしむ

紫微中臺　天平感寶元年皇后宮職を改て紫微中臺とし其官名を令、大弼、少弼、大忠、少忠、大疏、少疏と云ふ其後更に紫微內相を置く

官號改稱　淳仁帝天平寶字二年大に官號を改む大抵名號の改稱に止まり實質に於て異る所なかりしが獨り注意すべきは紫微中臺即はち皇后宮職の坤宮官として乾政官(舊太政官)と相並ひ施政の最高府となりたると是なり蓋し此改革を企圖したりし藤原仲麿は一方に紫微內相の職を有し更に他方に政權を握らんが爲めに此の如き改革をなしたるものなり

官名復舊　天平寶字八年仲麿誅に伏し天平寶字二年の改革皆舊に復す

法王　天平神護二年に創置す待遇殆んと至尊に准し之か屬官に大夫、亮、大少

進、大少屬、及法臣、法參議あり光仁天皇の時悉く之を廢す

近衞府　神護元年從來の授刀衞(慶雲年中創置)を改め近衞府と云ふ

左右近衞府　神護景雲二年近衞府を左近衞とし中衞府を右近衞とす

遣唐使の廢止

遣唐使　推古天皇の時小野妹子を隋に遣はせしことありしが光仁天皇に至り臨時に寳龜七年遣唐大使同副使を任命し以て好を唐に通ぜり爾後桓武仁明の二朝又遣唐使の任命あり宇多天皇に至り菅原道眞を遣唐大使とせしが會彼國兵亂ありて事止み遣唐使のこと是より廢せり

諸司の併省

諸司の併省　大同三年冗官を省せんが爲めに諸司を併省すると次の如し

内舍人　減員して四十八人とす

畫工司
漆部司　……並に內匠寮に併す

隼人司　衞門府に併す

贓贖司　刑部省に併せ其刑部解部を廢す

筥陶司　大膳職に併せ主醬、主菓餅を廢す

鍛冶司	木工寮に併す
官奴司	主殿寮に併す
縫部司 采女司	縫殿寮に併す
内禮司	彈正臺に併す
喪儀司	鼓吹司に併す
内兵庫	左右兵庫に併す
衛門府	左右衛士府に併す

藏人　弘仁元年藏人を置き殿上に侍し機密の文書及諸訴を掌らしむ其長を頭と云ふ

檢非違使　弘仁七年檢非違使を置き非法違法の事を檢せしめ其官署を使廳と云ふ後漸く勢を得て衛府の追捕、彈正の糺彈、刑部の判斷、京職の訴訟皆使廳に歸す

院司

院司　院とは上皇の謂にして上皇の下に立つ官廳を院司一に院廳と云ふ承

政令院より出づ

和元年仁明天皇嵯峨天皇の讓を承け刑部大輔安倍朝臣安仁を院別當とし上皇に侍せしむ蓋し院司の初なり村上帝の天曆元年朱雀上皇の爲に主典代、仕所、御書所別當の官を置き翌年更に判官代を置き左右近衞五人をして院に侍せしむ此後更に其官を增し遂に左の如きものとなれり

院司別當（公卿四位或五位）　判官代（五位或四位六位）　殿上人
藏人四人　主典代　廳官（藏人公文院掌）　廳召次所　仕所　別納所　御服所
進物所　所衆　武古所　御隨身所　（葉黃記）

其制右の如く略朝廷に類するものなりしが白河上皇に至り更に上下北面の武士を加へ車駕を警衞せしめたり而して上皇は院中に在りて政を聽くと一に天皇の如く四十年間院宣（或院廳の下文と云ふ）を以て天下に號令せり是より天皇は在れども無きが如く上に上皇ありて下に權勢の藤氏ありて只垂拱成るを仰くのみ後世常に此例に倣ひ上皇即はち院と稱してより始めて天皇の權を握るか如き風となれり

（神皇正統記）白河院（中略）　此御代には院にて政をきかせ給へは執柄はたゝ職

に備はりたるはかりなりぬ、されとこれより又古きすかたは一變するにや侍りけん執柄世を行はれしかと宣旨官符にてこそ天下の事は施行せられしに此御時より院宣廳の御下文を重くせられしによりて在位の君又位に備はり給へるはかりなり世の末になれるすかたなるへきにや

人臣の攝政

攝政　清和天皇貞觀八年外祖良房を以て政を攝せしむ之を人臣攝政の官の初とす以前攝政の例を見るに次の如きあり

(書紀)　足仲彥天皇(仲哀)九年十二月戊戌朔、辛亥、生譽田天皇於筑紫、故時人號其產處、曰宇瀰也、(中畧)明年冬十月癸亥朔、甲子、群臣尊皇后曰皇太后、是年也大歲辛巳、即爲攝政元年

(職原抄)　本朝仲哀崩皇后攝政平三韓而歸筑紫誕生皇子在襁褓皇后猶攝政、遂臨天下六十餘年雖同正帝奉稱攝政其後推古天皇朝皇太子厩戸皇子攝政齊明天皇御宇皇太子中大兄皇子又攝政清和天皇幼而即位外祖忠仁公奉文德遺詔而攝。政。是本朝以人臣爲攝政之初也(下略)

右の前例を見るに政を攝するは必す皇后若くは皇太子にして此至重の職を以

て人臣に委ねたること未た嘗てあらざりき清和天皇の時外戚の權既に太た重くして此前例に違ふて藤原氏斯かる高職を得てより後は職原鈔に爾來彼一門爲攝政之臣、又執柄必蒙一座之宣旨、故稱一人と云ひしが如く長く其の世官となれり曩に院司ありて天二日あるの趣を生せしが後に藤氏の攝政となりて人臣下に重くして地に二王あるの姿あり古制漸く亂れて遂に他日の亂階を來すこととはなれり

關白　宇多天皇位に即き百官に詔し凡そ万機の事先基經に關白して然る後に行下せしむ關白の職是に始まる蓋し關白職は攝政其政を奉還し猶總務を關り白すの謂にして攝政關白共に異名にして同義なるものなり

瀧口武者　下北面　宇多天皇寛平九年武藝を善くする者を撰ひ禁中に候せしめ之を瀧口武者と云ふ其勤仕する所は清凉殿の艮御溝水の會する所にあるを以てなり後之を分ち院中の武者所に候せしむ是を下北面と云ふ

記錄所　後三條天皇延久年間記錄所を太政官内に置き天皇親臨して莊園に關することを處決す當時莊園國郡の中に充盈し或は令を矯めて莊園と稱し以て

租庸を逃るゝもの多く國庫の收入甚だしく減少したりしを以てなり

二　地方官廳並官職

按察使　元正天皇養老三年始て諸國に按察使を置き二國若くは三四國に一員を任命す其職とする所は國司の監視にして其權限實に左の如し

所管國々司若有非違及侵漁百姓、則按、察使親自巡省、量狀黜陟、其徒罪以下斷決、流罪以上、錄狀奏上、若有聲教條々、部內肅淸、具記善最言上

同年畿內に攝管を置く其職一に按察使と同し按察使の官を典と云ひ後記事と改め攝官の屬を記事と云ひ後檢事と改む

鎭守將軍　神龜元年蝦夷を鎭壓せんか爲めに多賀城を建つ其碑文に始めて鎭守將軍の名あり天平以後陸奥守必す此職を兼ね後更に鎭守府將軍と云ふ

征夷大將軍　神龜元年持節大將軍を任命し副將軍、判官、主典を從へ海道の蝦夷を征せしむ此年五月鎭狄將軍を任命し軍監、軍曹を從へ出羽、蝦夷を征せしむ是等の官は皆臨時の官にして其事止めは其職も亦廢するものなりしが後に常置の官となり征夷大將軍と稱することとはなれり

征夷大將軍の起因

畿內總管　諸道鎭撫使　天平三年畿內に總管を山陽、山陰、南海諸道に鎭撫使を置く總管に大副の別あり大總管は親王を以てし副總管及鎭撫使は三位とす總管の職掌は次の如し

一、京及畿內の兵馬を差發すると

一、徒を結ひ衆を集むる者黨を樹て勢を假る者老少を刧奪し貧賤を壓略する者時政を是非し人物を臧否する者或は邪曲寃枉の者を搜捕すると

一、盜賊、妖言を放つ者衛府に非すして兵刄を執持する者を處斷すると

一、時を以て國郡司等の治績を巡察し其善惡を知り卽時に奏聞すると

一、犯罪者あれは杖一百已下は處斷して後に奏聞するを得

鎭撫使の職掌は兵馬を差發するの權なきの外は皆總管と相同し

四道節度使　天平四年東海、東山、山陰、西海の四道に節度使を置き判官、主典各四人醫師、陰陽師、各一人驛鈴各二、白銅印各一を付す、其職とする所は地方政治及軍事等の監視にあり

巡察使　國郡司の政績を巡察する臨時官にして天平十年以後屢派遣せらる

左右平準署　天平寳字三年左右の平準署を置き常平倉を管し時宜に隨ひ糶糴し以て物價の平準を保たしむ

弩手の配置　天平寳字五年弩師を太宰府に配す蓋し緩急に備へんか爲めなり是より漸く諸國に配置するに至れり

都督四畿內三關近江丹波播磨等國兵事使　天平寳字八年惠美押勝始めて此官に任せしが爾來此事なし

秋田城司　寳龜十一年東夷を鎭せんか爲秋田城司を置く

京畿七道の兵士及防人を停む　延曆十一年陸奥、出羽、佐渡及太宰府等樞要の地を除き京畿七道の兵を停止す其理由左の如し

夫兵士之設、備於非常、而國司軍毅、非理役使、徒致公家之費、還爲姧吏資、靜言於此、爲弊良深、宜京畿及七道諸國、並從停廢、以省勞役云々(類聚三代格)

延曆十四年諸國防人を停む(壹岐對馬を除く)

健見　諸國兵士既に廢されたるを以て先つ大和より始め諸國に令して健見の數を定め番を以て兵庫、鈴藏、國府を守衞せしむ

人の爲に官を置く

觀察使　大同元年觀察使を置き諸道國郡司の政績を觀察せしむ其職掌猶巡察使の如し

親王任國　天長三年上總、常陸、上野三國を親王の任國とし其守を太守と云ひ勅授官にして一世を限りとす

太宰唐物使　一條天皇正曆元年此官を置く宋船の貿易の爲なり

國司代　目代　國司任地に赴かす自から京に淹留し吏をして代りて國に就き政を爲さしむ是を國司代と云ひて白河帝の頃より始まれり國司代亦代吏を遣はし自から赴かざることあり此代吏を目代と云ふ

＊　＊　＊　＊　＊　＊　＊　＊

以上述ふる所の令制定以後源平時代に至るまての官制の沿革を約言すれば中央政府に於て第一の改革は淳仁帝天平寶字年中の改革なれども是其一時に止まり又舊に復せり第二には孝謙天皇の時法王の創置なり而して此官亦一時に止まりたれとも斯く人の爲めに官を置くの悪例は後世に禍すると尠少にあらざるなり第三は大同以後屢起りたる冗官の淘汰なり而して第四に數ふべきは

國司私多し

之と正反對に起りたる冗官の創置なるべし其尤なるものを院司、攝政、關白の創置とす其天皇の上に天皇と同じきものあり天皇の下又天皇にも類せんとする大權勢あり弊害の大なることは素より言を待たず宜なり源平の世となり武人權を得て遂に政治上に大變動を來したるや

更に又地方に屬する官制の沿革を見るに交通の不便道途の遼遠中央政府の不能等を利とし國司の私甚た多かりき是に於て中央政府は按察使、總管、鎭撫使、節度使、巡察使、觀察使等の諸官を簡派して國司の政を巡察せしめしも此等の官職も其權限甚た明ならず且つ常に之を委ぬると大に過きたりしを以て此輩亦多く專横にして遂に好結果を收むると能はざりき次に天平寶字年中創置せる左右平準署も亦其旨意の美なるに止まりて其効果は即はち聞く所なし又諸國の兵士及防人を止めたることも國家治平の久しきによると雖とも是亦朝權の次第に地方に薄くなりたる基に外ならず然れども地方官制の大に壞廢するに至りたるは第一莊園次第に其數を增し國司の權力次第に狹まりたると第二は國司京に逸居して任地に赴かず單に其僚屬に委ね僚屬亦之を其下僚に委ね以て權

力下移の勢を馴致したると第三には蝦夷征討の武官に過大の權力を與へて之を制せず故に此輩其力を東國に植て中央官吏の文弱に流るゝの間に大に實力を養ふに至りたると是なり

右の如く中央地方共に次第に其弊を加へ一たび改革を行ひて一害を除けは之より更に數害を生し積衰又醫するに道なく遂に第二期の世となるに至れり

第三章　爵位の制度

第一節　上古

姓は猶爵の如し

上古人民の高下を分つには株根(カバ子)即はち姓を以てせり姓は今の爵の如きものにして是を以て家格を上下し世々相傳へて渝ることなく間々非常の勳功を以て姓を進むるとあり或は犯罪によりて之を降すとありき姓の種類左の如にして臣、連を最高とす

臣(オミ)　連(ムラジ)　伴造(トモノミヤツコ)　國造(クニノミヤツコ)　別(ワケ)　君(キミ)　直(アタヘ)　縣主(アガタヌシ)　稲置(イナギ)　村主(スグリ)　以下

天武天皇白鳳十二年姓の數を改め八となし舊來の臣、連等には眞人、朝臣等の姓

冠と服とは位階により定色あるものなり

を賜ひ別に臣、連、稲置等の卑きものを置かれたり

眞人(マヒト)　朝臣(アソミ)　宿禰(スクネ)　忌寸(イミキ)　道師(ミチノシ)　臣　連　稲置

然れども此八姓を以て天下の諸姓を改むるとは未だ全く行はれざりしにや後世猶君、縣主、首、直、村主、史、王、勝、祝、使主、等の姓の殘れるありき

姓を稱するは後世まで行はるれども推古天皇の時より始まりたる位階の制の行はるゝに及び漸く公の區別たるを廢して只源、平、藤、橘等私に門閥の區別たるに至れり

推古帝即位十二年支那の制を參酌して冠位十二階を定め諸臣に賜ふ

徳　仁　禮　信　義　智（各大小あり以て十二階に別つ）

是等は朝廷より當色の冠を賜ひて以て表彰したるが故に冠位と云へり

第二節　大化以後の改正

大化以後位階の制には屢變更あり其主なるもの次の如し

孝徳帝大化三年更定の位階　十三階

織冠　繡冠　紫冠　錦冠　青冠　黑冠（以上六冠各大小あり）　建武冠一名立身

仝帝大化五年更定の位階　十九階

織冠　繡冠　紫冠（以上三階各大小あり）　華冠　山冠　乙冠（以上三階先大小に別ち更に上下に別つ）

立身冠

天智帝即位三年更定の位階　廿六階

織冠　縫冠　紫冠（以上三階各大小に別つ）　大錦冠　小錦冠　大山冠　小山冠　大乙冠

小乙冠（以上六階各上中下あり）　大建冠　小建冠

仝帝即位十年親王諸王に左の位階を賜ふ是れ位記を賜ふの初なり

一位　二位　三位　四位　五位

天武帝即位十四年冠位を廢し單に位記を賜ふとし位階の數を増し親王諸王十二階臣下四十八階とす

明大壹　明廣壹　明大貳　明廣貳

淨大壹　淨廣壹　淨大貳　淨廣貳　淨大參　淨廣參　淨大肆　淨廣肆

以下十二階　親王諸王に賜ふ

正　直　勤　務　追　進

以上六位を淨位と同しく壹より肆に分ち更に大〃に分ち總て四十八階とし以て臣下に賜ふ

文武帝大寶元年更定の位階　三十四階

一品　二品　三品　四品

以上親王

正從一位　仝二位　仝三位　正從四位上下　正從五位上下

以上十四階　諸王及諸臣

正從六位上下　正從七位上下　正從八位上下　大小初位上下

以上十六階　諸臣

是等の位階を三等に區別し一は勅により一は奏請により一は太政官之を授く

內外官五位以上　勅授

內八位外七位以上　奏授

外八位內外初位　判授

服色を定むると左の如し

位階は令以後多く變更なかりき

親王(深紫)　諸王一位(深紫)　全五位以上(淺紫)
諸臣一位(深紫)　二位三位(淺紫)　四位(深緋)　五位(淺緋)　六位(深綠)　七位(淺綠)
八位(深縹)　初位(淺縹)

近古に至り深紫色を廢し三位以上黑橡となり後四位も亦黑色となれり

大寶令の制定は維前以前まで大凡異る所なきを以て爾後の小改正を此章中に一括して記さんとす

其一　朝綱の弛むと共に下級の位記廢して一條三條兩帝の頃七位以下に敍すると稀にして後には六位も正にのみ止まりしが近代光格天皇の時從七位下までを復興せられたり

其二　內位外位の區別は內官外官の區別と同しかりしが神龜天平以後此區別を失ひ更に後世に至り外位は姓氏の卑しき者に賜ふととなれり

其三　贈位は天武帝二年五月大錦上坂本財臣壬申の功により小紫を追贈せられたるに始まり後世大に行はる

其四　國外派遣の際若くは地方に遣はさるゝ時假位と稱して其間のみ高位を

假授せらるゝとあり天平寶字六年に始まれり

其五　正一位を人臣に與ふるは天平九年右大臣藤原武智麻呂病危篤の際之に叙せられたるに始まり此他橘諸兄惠美押勝、藤原永手三人を除きては他は死後の贈位のみにして生前に叙せざると殆んど定制となれり

其六　位階に屬する蔭位官、當位田等の事は別に司法制度及其他に記する所あり是等も後世自から行はるゝと少きに至れり

其七　官と位とは相當あり只位高く官卑き時は行と云ひ位卑く官高きは守と稱す又位ありて職事官なきは之を散位と云ふ

第三節　勳等

勳等は勳功によりて賜はるものにして總て十二等あり大寶令勳と位との相當を定むると次の如し

一等—正三位　二等—從三位　三等—正四位　四等—從四位

五等—正五位　六等—從五位　以上勅授

七等—正六位　八等—從六位　九等—正七位　十等—從七位

十一等―正八位　十二等―從八位　以上奏授

勳等は延喜以前既に廢して後世只神にのみ授けられたり

第四章　土地の制度

第一節　上古

第一項　土地の種類

土地には皇室に屬するもの私人に屬するもの及社寺に屬するもの丶三あり

上古は土地に帝室の有に關するものと私人の有に屬するものとの二種あり崇神帝の時に至り神社に屬するものを加へて三種となれり

第一種　皇室に屬する土地

(一)縣　阿賀多と訓し上は田の義にして所謂御料の地なり縣主ありて之を治め收穫する所を以て皇室に納む神武天皇以來中古に至るまて設置せられたるものにして今知るべきは次の如し

猛田（タケダ）（大和國にあり）　磯城（シキ）（大和）　春日（カスカ）（大和）　十市（トチチ）（大和）　添（ソノ）（大和）　高市（タケチ）（大和）　山邊（ヤマベ）（大和）　賀茂（カモ）（山城）　葛野鴨（カドノカモ）（山城）　河内三野（河內）　志紀（シキ）（河內）　紺口（コムリ）（河內）　珍（チヌ）（和泉）

犬上（近江）　鴨（未詳）　三島（攝津）　中島（尾張）　沙麼（周防）　水沼（筑後）　岡（筑前）
筑紫嶺（肥前）　壹伎（壹岐）　對馬下（對馬）

（二）屯倉　屯倉は彌夜氣と訓し垂仁帝の時之を來目邑に設置したるに始る一定の地を限り其中倉庫を設け收穫せる稻穀を藏め以て皇室の用度及國用に備ふるものにして民を置き此地を耕耘せしむ是を田部と云ふ景行帝の時諸國に屯倉田部を置き仲哀應神以下歷朝其數を增し孝德帝大化改新の時には其數凡百八十一所に上り其多數は今の畿內、南海、東海、山陽、西海の諸國にありたり

（三）御子代、御名代　天皇々后皇子等の御名を後世に貽さんか爲に御料地の一部を割き御子代若くは御名代の民を置き其地に產する所を以て御料に供し世を去らるゝ後には其祭祀の料に資するものなり此內御名代は天皇々后の場合に用ひ御子代は皇子の場合に用ふ

第二種　私有地

各氏自由民の私有する土地なり

第三種　社寺所有の土地

神社佛寺に屬する土地にして神社に屬するものは地を神地と云ひ家を神戸と云ふ崇神帝の時に創まる其民を使ひ其地より獲る所を以て祭祀の資となすなり佛寺に屬するものは之に歸依する人々より寄進したるものにして佛寺の建立營繕僧尼の衣食等に資するものとす

第二項　土地の測定

此時代の初期には土地測定の法猶進歩せず播磨國風土記に品太天皇(應神天皇を云ふ)の時に鹽代鹽田廿千代云々の語あり新撰姓氏錄輕我孫の條に成務帝の時三十千代云々の語あれ共此頃の「代」の大さは恐らく未だ精確なる者に非ずして其一定したるは此時代の末期推古帝の前後人文大に進歩し又佛敎の隆盛に伴ひ或は土地を之に寄進する等により土地所有權の屢變移したる頃にありとす代の大は高麗尺の方六尺(曲尺の方七尺〇四一七餘を云ふ)即ち一歩の五倍を云ふ即ち左圖の如し

三十尺

一代 六尺				
一歩	仝	仝	仝	仝

六尺

即はち五代二十五歩の地は高麗尺方五尺を以て一歩となしたる大寳の三十六歩と同一積なり故に五十代二百五十歩の地は大寳の一段三百六十歩と相同じく五百代は一町三千六百歩と同しきなり

第二節　大化の改正

大化改新の際諸國の屯倉及御子代、御名代の民を止むると同時に又一般に土地の私有を禁し盡く擧けて朝廷の有となし更に之を人民に班與せり此他官職位記に從ひて土地を分與するのとありて土地制度の上に一大變動を來せり蓋し土地と人民との私有は蘇我、物部等豪族の跋扈を來したる一大原因なれば是を禁するは即はち大化改新の目的なりしを以てなり

第一項　土地の種類

第一種、土地を占有の上より大別して公私の二となす公田とは剩田、神田、寺田等を云ひ私田とは位田、職田、功田、口分田等を云ふ

第二種、土地を課税の上より大別して輸租田、不輸租田、輸地子田とす

第一種

一、公田　公田とは位田、職田等に給せざる剰田、神社の費用に給する神田及寺院の用に供する寺田を云ふ公田は之を管轄する國司より郷土の估價に從ひ一年を限りて賃租するなり賃とは春に方りて先其直を取るを云ひ租とは秋に至りて其租を輸さしむるの謂にして共に人に與へて之を作らしむる今の所謂小作なり

一、私田　私田とは位階に從ひて下賜する所の位田、職掌によりて下賜する所の職田、勳功によりて賜はる功田及一般人民に給與する口分田を云ふ私田の使用は全く其附與せられたる人の隨意にあり

第二種

一、不輸租田とは租を免したるものにして神田、寺田、布薩戒本田、放生田、勅旨田、公廨田、御巫田、采女田、射田、健兒田、學校田、諸衞射田、左右馬寮田、飼戸田、賑急田、勸學田、典藥寮田、節婦田、易田、職寫戸田、膂力婦女田、惸獨田、船瀬功德田、造船瀬料田、等是なり是等の田の何物なるやは其名稱に由りて略推し得べし

一、輸地子田　地子を輸するもの即ち民に賃租し其小作料を收むるものにし

て位田、職田、國造田、采女田、膂力婦女田、賜田等の未た授けさるの間、及ひ遙授國司公廨田、役官田、出家得度田、逃亡除帳口分田、乘田等なり

一、輸租田　以上の二田に屬せさるもの即はち位田、職田、國造田、郡司職田、采女田、口分田、墾田等年々其租を納むるものを云ふ

第二項　口分田、位田、職田、功田、宅地、園地

孝德天皇大化二年詔して人民一般に口分田を職司あるものに職田を位あるものに位田を賜ふ是を班田と云ふ六年を以て一期となし期至れは又班田使を諸國に遣はし人口の增減により改て之を收授す若一家內死者あれば同戶の人是を佃食し租稻は代りて之を官に輸し班年に至りて其地を返付すべく又一家內人生るゝあれは滿六歲以後の班年に至りて口分田を受くるものなれば班年に生れたるものは次の班年に田を受くれとも其次年に生れたるものは其次の班年即はち十一歲にして始めて口分田を得るものなり

班年には其年正月三十日內に左右京職、諸國司より太政官に申し十月一日より其田地と給せらるべき人とを校勘して簿を造り十一月一日に至りて田を受く

奴婢亦口分田あり

べき人を総集して之を給し翌年二月三十日内に其事を訖ふ斯の如く班田の事兩年に渉るも前年を以て班年とし次年を初班と云ふなり

口分田は男一人は二段の地を得女は其三分の二を得男女共に力作し租を公に輸し其餘を以て己の資となす凡二段即はち千七百二十歩の地穫稻百束と假定し中三束を租とし其餘九十七束を私有とす百束は米五斛(今七斛二斗)にして租一斗五升(今の二斗二升)私有四斛八斗五升(今の六斛九斗八升)を以て準となす即はち一人一日の資一升三合四勺強なり

以上は庶人以上の口分田にして家人奴婢は多少異る所あり其中官戸公奴婢は庶人と同しく家人私奴婢は良人の三分の一即はち男は二百四十歩女は百六十歩を準となし郷土の廣狹により必しも然らざるものとす

位田は五位以上位の高下によりて之を給し女は各三分の二を賜ふ

一品　八十町　二品　六十町　三品　五十町　四品　四十町

正一位　八十町　正三位　四十町　正五位　十二町

從一位　七十四町　從三位　三十四町　從五位　八町

功田、宅地、園地は國有にあらず

正二位　六十町　正四位　廿四町
從二位　五十四町　從四位　廿町

職分田　顯要の官に與ふる田なり左の如し

太政大臣　四十町　左右大臣　三十町　大納言　二十町

功田　國家に功勳ある人に賜ふ所なり功の大小によりて差あり

土地の所有權は口分田を始として盡く官にあり人死すれば位田、職田、口分田等皆之を官に收むるものにして其在世中は或は一年間之を他人に賣與するを得れども永代に賣買することを得ず凡そ大化後土地は原則として國有となりたれども其除外例とすべきは功田、宅地、園地是なりとす

功田は功勳を賞するの地にして大功は世々絕えず上功は三世に傳へ中功は二世に傳へ下功は子に傳ふ而して大功に與へたるものは謀叛以上の重罪上功以下は八虐以上の重罪にあらざれば之を沒官することなし

宅地は人民古より子孫に傳へ各其の附邊便宜の地を墾きて衣食し來たりしが大化改新後も宅地は仍ほ舊により其の戶々の私有となれり又歸化人俘囚並に

他郷より移徙し或は新たに一戶を爲せる者も其の宅地は皆之れを私有とせり其の證は田令中に凡賣買宅地皆經所部官司申牒然後聽之云々とあるにて知るべし

園地とは桑漆の類を植うるの地を稱し男女多少の差を以て其鄉土の廣狹により每人に均分し其戶絕するに非れは之を沒官することなく此場合にも園主在世中他人に賣與したるものは之を沒官せず斯く收授せす賣買を承認したるとは換言すれは其私有を認めたるなり

附言宅地園地共に寺院に喜捨し又は賣與するとを得す

唐の制度にても口分田は賣買するを得ざれども園宅は之を得たり我國の制蓋し之に則れるなり

第三項　沿革

土地の制度は大化改新より令制定の間に整頓したるは畧前章述ふる所の如くなるが其後朝廷綱紀の弛むと同時に弊害相次て起り遂に田制は全く土崩するに至れり蓋し中古田制は口分田班與と云ひ又は許多の田種の收受と云ひ事極

めて繁雜なるが上に優勝劣敗の世に在りて永久に各自均一の地を享有せんと
素より得べきにあらざれば久しからずして其全く壞頽せんと素より恠しむに
足らさるなり今田制の沿革を記するに當り徒に繁冗を加ふるを避け後世莊園
の增加私地の增加を來すの原因を見るに便なるものゝみを云はんとす

其一　墾田

私墾田は土地私有の始なり

墾田とは山野を開墾し荒廢地を再墾したるものゝ謂にして官に屬するものは
公墾田と云ひ私人に屬するものを私墾田と云ふ公墾田は左したる必要なきを
以て玆に之を畧す

墾田は事實上私有地と同しきを以て皇族以下豪族は爭て墾田を作り以て其富
を益さんとしたるとは早く既に元明天皇の時にあり和銅四年の詔に曰く

親王已下及豪族之家多占山野妨百姓業自今以來嚴加禁斷但有應開墾空地者
宜經國司然後聽官處分

以て當時墾田漸く多く爲に害を百姓に及ぼすの傾向ありしとを知るべし斯く
詔には空地を開墾する云々の文字を以て墾田の範圍を限りたれども此漠然た

る制限は決して十分の功果あらざりしなり

元正天皇養老七年田疇の開墾を奬めんか爲に新に溝池を造りて山野を開くものは是を三世に傳へ舊溝池を逐ひて開くものは之を終身に給することとなせり所謂三世一身の法なり

（元正紀）養老七年四月辛亥太政官奏頃者百姓漸多、田地窄狹望請勸課天下開闢田疇其有新造溝池營開墾者不限多少給傳三世若逐舊溝池給其一身奏可之

口分田は永久の法にあらず

想ふに班田の法は民をして其衣食に安じ身を勞して田疇の開闢を思はざらしむる所以なり然れども人口の增加と生活程度の上進とは年を經て田疇の不足を感ぜざるを得ず既に田疇の不足を感ぜは縱令中古の田制即はち土地官有主義と正反對なる土地私有を賭しても猶開拓を奬勵せざるを得ざるべし將又土地私有は墾田に限ると雖とも苟しくも是を許すに於ては既に田制を頹廢せしむべき一個の黴菌の存在を許すものにして別に之を制限するの勢力なき限りは一個は二個となり三個又四個千万個となるは自然の勢なるべく果して此黴菌は政治の振はざるに乘し漸く他に蔓延し遂に田制を根本より打破するに至

寺院の土地買收を禁して人民の喜捨を問はず是れ中世の末寺院跋扈の原因なり

れり蓋し中古田制は始より將に破るべきの原因を備へたる者にして其破れたるは蓋し社會發達の必要に出てたるに外ならざるなり
元正天皇の時三世一身の法を以て墾田を奬勵したりしも其制限時に近くや所有主等倦怠して其地再ひ荒廢するも措て顧みさるの傾あるを以て聖武天皇天平十五年更に勅して墾田を以て永年の私財となすとを聽せり是に於て權勢あり餘力ある者は競ふて開墾を事とし百姓を勞すること多く其弊甚しかりしかば稱德帝の時勅して開拓を禁したることあり然るに墾田は猶駸々として其歩を進め或は國司の百姓の墾田を奪ふあり或は富家の猥りに買得して兼併の傾を生するあり或は勢家の百姓の業を妨くるあり或は邊要の地を開きて警備上の妨となるありしかば歷代令を下して是等の事を禁したり

其二　寺田

令制定時既に園地を寺院に捨施することを禁して曰く

（田令義解）凡官人百姓、並不得將田地園地捨施、及賣買與寺、

此令は遂に久しく行はれずして寺院所有の墾田時を經て漸く多し凡そ寺院は

私人と異りて其租を輸することなく又寺院内の事は法律も直に其力を及ぼし難き事情も無きにあらざれば地を以て猥りに寺院に付するは施政の上より將た收入の上よりも共に不可なる點多きを以て聖武天皇天平十八年令して田令の定むる所を厲行せんとせり

（聖武紀）　天平十八年三月戊辰、太政官處分、凡寺家買地、律令所禁、比年之間、占買繁多、於理商量、深乖憲法、宜令京及畿內、嚴加禁制、五月庚申、禁諸寺競買百姓墾田及園地、永爲寺地

寺院の田園を買得するを禁じたるは可なり而して猥り人の田園を寺院に捨施するを禁ぜざりしは奈何蓋し令の制は買得捨施兩者共に之を禁したるものにして必す其一を默許して寺院田園兼併の門戸を開きたるには非るなり而して今聖武帝の只其一を禁して他を顧みず令制をして全く壞るゝに至らしめたるものは是れ天皇親から捨施を好みたればなり蓋し天皇の捨施は甚た古くして天武天皇既に此事あり

大安寺伽藍緣起流記資財帳天平十九年二月十一日上

合墾田地玖伯參拾貳町
在紀伊國海部郡木本鄉伯漆拾町
四至東百姓宅並道西牧南海北山云々
右飛鳥淨御原宮御宇天皇歲次癸酉納賜者
聖武帝以後土地の喜捨甚だ盛にして更に稱德帝は位階を以て喜捨を獎勵したりしかば田園寄進のと益廣く世に行はれ寺院漸く富んで益專恣となり終に私に兵を蓄へ事を朝廷に請ふに多く是に由てするに至れり畢日白河帝をして長歎せしめたるもの又實に是に起因するものとす

其三　口分田

延曆十一年京畿の百姓に班田せしが是際には男を先とし令に定むる所に從ひて田地を分ち其剩餘を以て女子に與へ必ずしも男三分の二に滿たず而して奴婢には授與せらるゝことなかりき
淸和天皇貞觀年中更に男子の課と不課とにより口分田に等差を付し課丁は三段三百廾九步不課男は二段女は一段とす蓋し唐制に倣ふてなり

陽成天皇の元慶年中京畿女子の口分田を以て畿內の男に配與す蓋京畿の女農桑の事を知らず男は則はち徭役他の地方に比して多ければなり

延喜中口分田の亂雜

口分田は令制定の始めに方り極めて嚴重の規定を設け一々法に準據して收授せしか其事の繁雜なると政綱の漸く弛みたるとにより延喜年中に至りては大に頹廢するに至れり三善淸行の封事に曰く

請勅諸國隨見口數授口分田事

右臣伏見、諸國大帳所載百姓、大半以上、此無身者也、爰國司偏隨計帳宛給口分田、即班給正稅、徵納調庸、於是有其身者、纔耕件田、頗進租調、無其身者、戶口一人、私沽件田、曾不自耕、至于租稅調庸、遂無輸納之心、謹檢案內、公家所以班口分田者、爲收調擧正稅也、而今已紆其田、終闕厥貢、牧宰空懷無用之籍、豪富彌收兼併之地利、非唯公損之深、亦成吏治之妨、今須令諸國閱實見口、班給其口分田、其遺田者、國司收爲公田、任以沽却、若納地子、以充無身之民調庸租稅也、猶所遺之稻、委納不動、今略計其應輸之數、三倍於百姓所進之調庸、爲公有利、爲民無煩、此皆國宰守行、應無殊妨、然而事乖舊例、恐有民愁、伏望中勅諸國、試令施行

上古の租税

知るべし國守政を怠り戸籍現在の人口と合せず其人なくして其名籍帳に存し其人ありて其名籍に入らざるの類間々ありて或は亡人の口分田を私するあり或は租調を免避して官咎を得ざるありて班田の制大に頽破したりしことを

第五章　租税の制度

第一節　上古

中古以來朝廷の財務は唐制に倣ひ人民に課するに租庸調の三種を以てせしが上古に於ても略之と同しく一は人民の製作に取り一は人民の勞役に取り一は土地の生産に取れり今序を逐ふて此三種の制度を敍せんとす

租

第一項　租

上古土地の制は表面上は全國悉く朝廷の有なりと雖ども內實は之と異り朝廷には別に御田則はち屯田あり田部を使役して其地を耕せしめ其稻穀を貯藏する官舍を屯家(ミヤケ)と云ひ之に附屬する倉庫を屯倉(ミヤケ)と云ふ而して屯田を司る人を屯田司(ミタノツカサ)或は田令(タツカサ)と云ひ屯家、屯倉を司る人を屯倉首(ミヤケノオビト)と云ふ屯田は全く朝廷の御料地にして是より收穫する所は田部の民の衣食と屯田司屯倉首の所得とを除けは他は全く朝廷の用度中に編入せられたるなるべし

右の屯倉の外地方の國々は國造、別、君、直、稻置等之を支配すると後世の大小名の如くなるべく此等の地よりは略一定の租を納めたるなるべし

以上の外別に各氏族私有の地あり此地よりは租を上つることなし

租の額は如何なるものなりしや今明ならざれども左に横山由清氏の考ふる所を援萃す以て其一般を推すべし

大化前租法　　屯倉の租法は中古の地子田、公營田の如くにして其收入の多少は知り難しと雖とも國造縣主などの支配せる輸租田の租法に於ては大畧中古の制に異るとなかるべし田令集解古記の文政事要略の令足勘文などに大化に田積三百六十歩に定められたるを再ひ二百五十歩とし大寶に更に改めて三百六十歩としたる由いひて二百五十歩の制を令前の制と云へり此令前の制二百五十歩は上古の五十代の地なれば大化改制以前の舊に復せしならんが然る時は大化前とは其租法も同じかりしなるべし之に依て大化前の

租法を推算すれば左の如し

一歩高麗尺方六尺　穫稻二把成斤　舂得米一升今前一升

一代五歩　穫稻一束　舂得米五升（中略）

五百代步即一町二千五百　穫稻五百束　舂得米二十五斛

此租　稻一十五束　此米七斗五升

廿五斛の穫米より七斗五升の租米を輸す百分の九十七を所得として其三を公に輸す租法薄きに過たるが如しと雖とも此他に貢調徭役の事あればなり

第二項　徭役

徭役は之を「エタチ」と訓す人民の朝廷の爲めに其身を役して兵役及宮城、池溝、道路、橋梁、堤堰等の修繕營作の務に服するを云ふなり

（崇神紀）　十二年春三月丁丑朔丁亥詔曰（中畧）更校人民令知長幼之次第及課役之先後

謂ふに崇神天皇の朝に人民一人一年幾日の役に服すべきことと又長幼の序を以て其先後あるべきことを等概定せられしなるべけれど今其詳を知り難し

凡そ徭役は大畧時を計りて之を課し猥りに民の農事を妨げざらんことを期したりしが如し故に聖德太子憲法十六に曰く使民以時古之良典故冬月有間以可使民從春至秋農桑之節不可使民其不農何食不桑何服と又降伏せる者若しくは歸化せる者には多く土工を課したりき

（應神紀）三年冬十月辛未朔癸酉東蝦夷悉朝貢即役蝦夷而作厩坂道

（古事紀）（仁德天皇之條）又役秦人作茨田堤及茨田三宅

第三項　貢

貢「ミツキ」と訓す「ミ」は尊稱「ツキ」は朝廷國家の費用を人民より續きて供し奉るの意にして家々より種々の物品を奉るを云ふなり其起因する處は他の二税と共に古きは疑ふべからざれども更に確定したりしは崇神帝の時にあるものゝ如し

（古語拾遺）磯城瑞垣朝六年始令貢男弓弭之調女手末之調今神祇之祭用熊皮鹿皮角布等此緣也

茲に弓弭の調とは男子の山野に獵して獲る所の獸皮にして手末の調とは女子

大化後の租稅

租

の手工品にして絹布の類を云ふなり以て此朝に貢制の少しく一定に近きしを知るべし是より後貢は國人のみならず降伏するものには必す之を課し或は其定額を闕き或は之を怠ることあれば必ず之を責めたり

貢は定額のもの丶みならず國郡の長等隨特其土宜の珍とすべきものをも獻じたりしが如し

（仁徳紀）三十八年秋七月（中畧）明日猿名縣佐伯部獻苞苴

第二節　大化以後の租稅

孝徳天皇大化改新の際天下を擧けて天皇の有とし課するに租庸調を以てし由て古來の租法に一大刷新を加へたり今又其種類によりて之を敍し大化より源平時代に及ぼさんとす

第二項　租

第一　大化二年の租法

大化二年の詔に曰く

其三曰（中畧）凡田長三十歩廣十二歩爲段十段爲町段租稻二束二把町租稻二十

大化の租率は百分の三なり

二束（下畧）

右に云へる一段とは三百六十歩にして一歩は高麗尺の方五尺（今の大尺の方六尺に同じ）なり量は減大升にして令の大升に同じく所謂唐の大量なり而して一歩の穫稻二把舂得米減大升の一升を得るとすれば是れ京升の四合〇五八に相當すべく一段の穫稻七十二束舂得米減大升にて三斛六斗の租稻は二束二把京升四升四合六勺餘に當る則はち租は收入の約百分の三を以て準としたるなり

一歩（高麗尺方五尺）	穫稻一把（小斤）	舂得米一升（減大升）
一段（三百六十歩）	穫稻七十二束	舂得米三斛六斗
	此租二束二把	此米一斗一升
一町（三千六百歩）	穫稻七百二十束	舂得米三十六斛
	此租廿二束	此米一斛一斗

第二　大寶令租法

大化改新の時と異ることとなし故に略す此後慶雲年中多少の改革ありたれども大躰に於て異る所なければ又之を擧けす

第三　和銅租法

元明天皇和銅六年權衡度量を改定し隨て租稻の準を改めらる即はち改定の度の大小尺は唐の大小尺と同しくして大尺は大寶令の小尺（曲尺九寸七分八厘に相當す）にして量は大寶令に唐制に倣ひしを改め令以前の大升を以て大量とせり

和銅の定むる所の租は次の如し

一歩、和銅大尺方六尺令の方五尺の一歩に同し穫稻一把三八

舂得米六合九勺四大斤　減大升にて一升なり

一段、三百六十歩　長三十歩廣十二歩

穫稻五十束　舂得米二斛五斗大升　京升にて一石四斗六升一合

此租稻一束五把　此米七升五合（京升四升三合八勺）

一町、三千六百歩　近世の一町一反四畝廿三歩餘

穫稻五百束　舂得米廿五斛大升　京升にて十四石六斗一升

此租稻十五束　此米七斗五升（京升四斗三升八合餘）

右は上田の租にして其他の田に於ては稍其準を異にす即はち主稅式に曰く

凡公田穫稻上田五百束中田四百束下田三百束下々田一百五十束地子格依田品令輸五分之一云々

和銅の租率は百分の五なり

今右の穫稻に各十五束を輸せしむるとすれは其準次の如し

上田	穫稻　五百束	租稻　十五束	租率百分の三
中田	穫稻　四百束	租稻　十五束	租率八十分の三
下田	穫稻　三百束	租稻　十五束	租率百分の五
下々田	穫稻　百五十束	租稻　十五束	租率十分の一

平均租率約百分の五

斯く田の上下によりて租率に大小の差あるを以て口分田に於ては田品の上中下を一家數人に平均して之を分與し租稻相通して率百分の五に充たしめたり故に大化大寳の制に比すれは租率は百分の二を增加したるものとす

第四　地子

地子に賃租の二種あり

田より官に收納する所は前に記する租の外に地子なるものあり諸國の田地を人民に班與し別に官に殘れるを剩田と云ひ此剩田を春時其租に相當するの價

を收めて一年間百姓に貸與するを貫と云ひ春時別に價を收めず稻を收穫するの後租を輸せしむるを租と云ふ斯く或は貫し或は租するもの則はち地子にして其田を輸地子田と云ふなり輸地子田と輸租田とは田種によりて相別るゝことは土地の制に述べたれば茲に畧す

地子の率は百分の五とす

地子は田品によりて率に差違あれども概五分の一を準となす

上田一町	穫稻五百束	米二十五斛	地子	百束	米五斛
中田一町	穫稻四百束	米二十斛	地子	八十束	米四斛
下田一町	穫稻三百束	米十五斛	地子	六十束	米三斛
下々田一町	穫稻百五十束	米七斛五斗	地子	三十束	米一斛五斗

地子田は或特例の外は一般に地子の外又定制の租を輸するものとす

第五　租稅の免除

免租

祥瑞、災害、大儀等種々の原因より或は一地方或は全國の田租を或は一部或は全部を免することとあり今其例を左に掲ぐ

一、即位の大禮によりて租を免ずることあり(文武紀元年八月)

二、造宮、遷都、行幸等によりて租を免ずることあり（持統紀四年、元明紀二年）（桓武紀延暦三年）

三、祥瑞、災異によりて租を免ずることあり（文武紀三年、元明紀和銅七年）

四、軍事等の大事によりて租を免ずることあり（類聚國史元正天皇養老四年、聖武紀天平六年）

五、年の豊凶によりて租を免ずることあり（聖武紀神龜三年、元正紀養老六年）

六、孝義を賞し窮乏を賑はすが爲めに租を免ずることあり（稱德紀神護景雲二年、光仁天皇寶龜十年）

第二項　調

第一　大化二年の調

大化改新の際盡く舊來の賦役を廢して調を田と戸とに徴し調副物を課することゝし且つ其調の品種を一定す大化二年改新の詔に云ふ處のもの則はち是なり

（孝德紀）其四曰、罷舊賦役而行田之調、凡絹絁糸綿並隨郷土所出、田町絹一丈四町成匹長四丈廣二尺半絁、二丈二町成匹長廣同絹、布四丈長同絹、一町成端收刖戸之調、一戸貲布一丈二尺、凡調副物擡贄亦隨鄕土所出、凡官馬者中馬毎一百戸輸一匹、若細馬毎二百戸輸一匹、其置馬直者一戸布一丈二尺、

則はち田一町より納むる所及一戸五十戸百戸より納むる處は左の如し

大化調

田一町	一戸	一百戸	二百戸
絹一丈（廣二尺半） 絁二丈（廣仝上） 布四丈（廣仝上）	布一丈二尺副物擡贄（定額不詳）	中馬一匹	細馬一匹

茲に中馬と云ふは馬の中品なるものにして細馬は其上なるものなり

先きに崇神天皇の朝に男女共に調を課し爾來久しく行はれしが改新に際し調は男子にのみ限ることゝなせり

第二　大寶令の調

令の時に至り更に正丁（廿一歳より六十歳に至る）次丁（六十歳以上を云ふ）中男（自十七歳至二十歳）により正調調副物を定む即はち左表の如し

大寶令調圖(調副物及雜物を省畧す)

正調

品目	正丁	次丁	中男
絹	長八尺五寸 廣二尺二寸	長四尺二五	長二尺二五
絁	長八尺五寸 廣二尺二寸	長四尺二五	長二、一二五
美濃絁	長六尺五寸 廣二尺二寸	長三尺二五	長一、六二五
絲	八兩	四兩	二兩
綿	一斤	八兩	四兩
布	長二丈六尺 廣二尺四寸	長一丈三尺	長六尺五寸
望陀布	長一丈三尺 廣二尺八寸	長六尺五寸	長三尺二五

京畿調

品目	正丁	次丁	中男
布	長一丈三尺 廣二尺四寸	長六尺五寸	長三尺二五

玆に特に京畿の調を定めたるは內國の民を寛優するの意に出づるなり

此後元明帝の和銅年中、元正帝の養老年中、聖武帝の天平年中、平城帝の大同年中

調の品目數量に改正ありたれども大抵大同少異なれば之を省畧す

第三項　庸

第一　大化二年の庸

大化の改革には庸布庸米の制を定め戸別に庸を徴せり故に改新の詔に曰く凡そ仕丁は舊の三十戸毎に一人なるを改めて五十戸毎に一人以て諸司に充て五十戸を以て仕丁一人の粮に充つ一戸に庸布一丈二尺庸米は五斗凡そ采女は郡の少領以上の姉妹及ひ子女の形容端正なる者を貢し一百戸を以て采女一人の粮に充て庸布、庸米は皆仕丁に準ぜよとあり則はち次の如し

大化庸

一戸	五十戸	一百戸
布一丈二尺 若くは米五斗	仕丁一人 廝丁一人 一戸布米仝上	采女一人 從丁一人 從女二人 仝上

第二　大寶令の庸

孝徳帝の庸は之を戸に徴されしが文武帝以後令制度の時に至り之を人に徴することゝなれり賦役令に曰く

凡正丁歳役十日、若須收庸者布二丈六尺一日二尺六寸、須留役者滿三十日、租調倶免役日、少者計見役日折免通正役並不得過四十日、次丁二人仝一、正丁中男及京畿内不在收庸之例、其丁赴役之日、長官親自點檢、幷閲衣粮周備然後發遣、若欲雇當國郡人及遣家人代役者、聽之、劣弱者不合、即於送簿各丁、具注代人貫屬姓名、其匠歌當色、雇巧人代役者亦聽之、

右の如く正丁次丁皆役あり之を免せんと欲せば或は代人を以てし或は庸を以てす而して邊土の民居夷類に近く身を以て役するに便ならず庸を以てせんとするも其土瘦确にして中國の生活とは大に其度を異にするものなきに非ず故に又其當路の官をして臨機之か斟酌をなさしめたり。

（賦役令）　凡邊遠國有夷人雜類之所應輸調役者隨事斟量不必同華夏

大寶令庸圖

正丁	次丁

歳役	十日	
庸布	二丈六尺	
留役	卅日	租調倶に免す
歳役	五日	
庸布	一丈三尺	
留役	十五日	租調倶に免す

此後或は役の日數を減し庸の量を減し又は之を舊に復したるあり或は庸布を銀錢に換へたることあれども其準する所は皆此令にあるを以て之を略す

第四項　租庸調以外の收入

皇室及國庫の歳入は主として租庸調の三者に依るものなれども猶其他に種々の財源あり今左に之を列記す

出擧

一、出擧　田租を二別し一を不動他を動用とす此中不動稅に屬するものは國の倉庫に收め備荒若しくは軍用とし動用の部に屬するものは一部は地方廳の費用に充て一部は春期に之を人民に貸下け秋期に至りて利と共に之を收む之を出擧と云ふ其利甚た大にして朝廷財源の一大部を爲すものなり

二、贖物及沒官物　犯罪者の贖銅及び沒官物並に其所有主を知らざる遺失物等を云ふ

三、鑛山　銅鐵等の鑛物を產する地區ありて未だ人民に之を許可せざるものは政府にて採掘し國庫の一收入となせり其他金銀珠玉珍奇の樹木等を發見するとあれは之を太政官に奏せしめ收めて國庫に入るゝものとす

四、官田　官田は供御の稻田にして畿內にあり大和、攝津に各三十丁河內、山城に各十町あり

第三節　財政の機關

財政の機關

財務を司るは大藏、民部の二省なれとも就中主なるものを民部省とす民部省中主計寮、主稅寮は財政上最重要の機關にして主計寮は每年計帳に由りて調庸の總高、前年度との增減等を調査して收支の計算を掌り主稅寮は田租、舂米の事を司れり故に民部省は財政の大本を司りて大藏省の如きは單に倉庫の出納を管するのみ此の他宮內省にては官田を掌り刑部省にては贓贖物、沒官物を司れり

第四節　租庸調制度の頹廢

租庸調頽廢の原因

令制定の時に當り前章記載したりしが如く租庸調の制を定むること極めて嚴密なりしが大綱の弛むと同時に全く土崩して此等の租稅法も大概空文となり

其一
其二

朝廷の用度、政治機關運轉の財用も屢空しきに至れり今序を追ふて右の制度の如何なる順序を以て頹廢したりしやを記さんとす

其一　莊園の增加　土地の制度に詳なり

其二權勢家の專擅

單に大臣納言と云はす上は院家、宮家より下は少納言、大小辨官に至るまて皆其莊園を地方に有するに至り其家の臣隷地方に赴くや其主の勢を假り毫も國司、郡司を憚らす或は負債と稱して郡司、百姓の稻を封し租稅の收納を妨ぐるあり其主或は知らず或は之を知るも默過して省みざりしこと第二の原因なり

（類聚三代格卷十二）頃年王臣諸家、各出家官、稱有負物、竟封郡司及富豪宅、取其所蓄之稻、若國司相論却以他故、

此他仝書に或は「應禁諸院諸家使不經國司闌入部內事」なる官符あり或は「應停止諸院諸宮諸家不經國司召勘郡司雜色人等事」の官符あり以て當時の狀を知るべし而して此等の事は太平を以て稱せられたる寬平、延喜の世にありたるを見ば又驚かざるを得ざるなり

其三
其四

其三　寺院の私地

或は寺院自から購求するにより或は他より寄進するにより法律を以て之を禁じたるに關はらず寺院の私地の非常に増加したりしことは田制の部に記載せり是れ又租税法頽廢の一因たりしは素より言を俟たず

其四　牧宰の私慾

國司、郡司の其任地に赴むくや既に中央政府を去ること遠く縱令多少其私慾を營むとも交通の不便なる當時にありては事容易く政府に聞すべからず加ふるに權勢の我目前に於て其私を行ふを見るに至りては國司等の遂に公平なることと能はざるは自然なり桓武天皇延暦十七年の詔に曰く

又租税調錢出納有限、收穫充用色數非一、姦吏之輩、犯用官物名公文乖不憚憲章、心挾貪濁、競事截留、至有剩徵、田租姦拆調錢職寫、田直稻錢等類、贓汚多端、積習無悛、不設科條何以懲肅、云々、

此他太政官符を以て國司の私慾を誡しめたること一再にして止まらず又官物を隱截したるの故を以て其職を免ぜられたる者もありしも其弊は遂に去る能

はざるなり國司既に斯の如し其下の諸僚、郡司等豈に又之に傚はざらんや國司國有の財を掠むるあれは郡司亦郡中の財を私するは又恠しむに足らざるなり

其五　人民の狡獪

近くは國司、郡司の姦濫あり遠くは廟堂勢家の横暴あり而して是等の私慾の餌となるものは即はち百姓に外ならず一方には定額の租庸調を納め一方には勢家牧宰の慾を飽かしめ而して自から存せんと欲す是れ素より爲し得べからざるなり是に於て百姓の考出せる便法は他にあらず其土地、家屋を擧けて所有の名義を勢家に移すことを是なり今若し其田地を寄進と號し宅地を賣與と稱し其身を以て勢家の臣隷と云はゞ以て課役を免るを得べく國司郡司を恐れざるを得べく只失ふ所は年々勢家に進むべき些細の年貢にて足らん斯くすれば勢家は座ながらにして多少の收得あり百姓は名を失ふて其實を保つこととなれば兩者の利便是より大なるはなかるべし

此事は延喜時代より盛に行はれ後には京都の勢家のみならず或は寺院に對して之を行ふもあるに至り朝廷の收入益減少せり

（類聚三代格卷十二）（上略）　且諸國姧濫、百姓爲遁課役、動赴京師好屬豪家、或以田地詐稱寄進、或以宅舍巧號賣與、遂請使取牒加封立膀、國吏雖知矯餝之計、而憚權貴之勢、鉗口卷舌不敢禁制、因玆出擧之日、記事權門不請正稅、取納之時蓄穀私宅不運官舍賦稅難濟莫不由斯（下略）

第六章　交通の制度

上古に於ては陸路よりも海路の交通は却て多く行はれたり神代に於て諸神の海外特に朝鮮へは屢々往復せられたることあり神武天皇の東征せらるゝや主として路を海上に取り日向より中國に出て玆に大に舟楫を整へらるゝのことあり以て當時は遠距離に於ては陸路よりも海路の交通却て盛なりしを知るべし

神武建國の後國内久しく平穩にして人民多く其堵に安んじ敢て波濤を冒して遠征の業を企つるものなかりしかば是より海路の交通大に廢するに至りしかば崇神天皇の即位十七年詔して諸國に令して船舶を造らしむるのことあり

上古海路を主とし中古は陸路を主とせり

（崇神紀）十七年秋七月丙午朔詔曰、船者天下之要用也、今海邊之民、由無船以甚苦步運、其令諸國俾造船舶、冬十月始造船舶、

蓋し當時海路の漸く廢するに至りしものは陸路の次第に開けたるを證するものにして此時代遠近に文武の臣下の派遣せらるゝもの多きを見ても之を知るを得べし而して景行以後に至りては更に大に開けたるものなるべきも是が制度の定まりたるは大化以後の事とす

孝德天皇大化二年改新の詔に曰く

其二曰、初修京師、置畿內、國司郡司、關塞斥候、防人驛馬、傳馬及造鈴契定山河、云々、

凡給驛馬傳馬皆鈴傳符尅數、凡諸國及關給鈴契、並長官執無次官執、

此時始めて驛馬、傳馬、鈴契の文字あれども之を用ふるの方法如何は別に記する所なきを以て其詳細を知るべからず此後是等の事漸く備はり令制定と共に完全せり則はち左の如し

一、驛　諸道三十里（今の一里六町）毎に驛を置く只地勢阻險なるか若しくは水草無からん處には必ずしも遠近を論せず便宜に驛を定む各驛內の富裕にして才幹あ

る者一人を撰びて驛長とし驛馬の事を司らしむ

二、驛馬傳馬　驛に驛馬を置き郡に傳馬を置き驛郡をして飼養せしめ以て交通に資す驛馬は大路則はち山陽道には各驛二十匹中路即はち東海、東山兩道には十匹小路には五匹を置き其他交通少き處は國司酌量して其數を定む傳馬は郡毎に五頭を置き官馬を以て之に充つ共に國司の監督する所なり此等の驛馬傳馬等は一般人民の爲に非ずして公用を帶ぶる者の爲に備ふる所とす

三、水驛及津濟　河岸湖頭等の驛馬を要せざる驛を水驛と云ひ交通の繁閑を量り四隻以下二隻以上の船を備へ船手を置く各驛又驛長あり此他大路中路の奈何によらず要路の津濟には皆船一隻より五隻までを置き水手二人以上十人以下を配し以て一般人民に便ぜしむ

四、關　非常の警備の爲めに諸國要害の地を撰びて關を置き通行の人を檢せり此關を守る兵を關塞と云ひて諸國の壯丁より之を取れり關門は日出に開き日沒に閉し日中通行を許し一々誰可して過所(關を通行することを認可したる票)なきもの其他怪しむべき形蹟あるものは皆通行を禁ず其事極めて嚴なり

交通の制度は一たび整頓したりしと雖ども朝綱の弛むと共に國郡の政其宜を失ひ凶賊所々に出沒し海陸共に旅客の被害頗ふる多く殊に海上に於て然りとす土佐日記を見れば治平を以て稱せらるゝ宇多、醍醐の朝に既に海賊の虞ありたるを以てすれば朱雀帝以後の事素より推し難からざるべし

第七章　軍事制度

敬神と尚武とは日本人の特質

我國は皇孫降臨の時に異族全國に蔓延し神武天皇東征の時に當りては行々沿道の醜類を服して始めて倭の地に至らせ給ひしものにして其後も猶ほ西に熊襲あり東に蝦夷あり其他外には朝鮮あり四圍皆敵國なりしかば尙武の氣風自から盛にして上天皇より下庶民に至るまで一面に於ては職の異同位の高下ありとも一面に於て軍人たることは則はち一なりき蓋し尙武の氣風は敬神の念慮と共に日本人の特質にして既に古くは天照太神の如き女性の神に在はせども素盞雄尊の來りて敢て其威を逞ふせられんとするを聞かせ給ふや則はち

爾天照大御神聞驚而詔我那勢命之上來由者、不必善心欲奪我國耳、即解御髮纏

武器を以て主權を表彰す

御美豆羅而乃於左右御美豆羅、亦於御鬘、亦於左右御手各纒持八尺勾璁之五百津之美須麻流之珠、而曾毘良邇者負千入之靫、比良邇者附五百入之靫、亦所取佩伊都之竹鞆、而弓腹振立而堅庭者、於向股蹈那豆美如、沫雪蹶散而伊都之男建蹈建、而待問云々(古事記)

何そ夫れ勇威の凛烈たるや又天孫降臨の時に當り神劍を以て神器の一に加へられしが如き亦以て神慮の在る所を推するを得べきなり

我國の武を尙ふこと斯の如く夫れ深し故に主權の表彰には必す武器を以てせり天孫降臨の際神劍を其一に加へられたるも一には日本國土の主權を附與せらるゝの意を示されたるものに外ならず其他經津主、武甕槌二神命を受け出雲に大己貴神を見て劍を拔きて其去就を問はれたるも亦此意にして中州平定の後も崇神帝の神祇を祭祀するに矛と盾とを以てしたるが如き四道將軍に武器を授けられたるが如き或は日本武尊東國を征するや比々羅木之八尋矛を授けられたるが如き或は成務帝の造長をして國郡を治めしむるや矛盾を以て表とせられたるが如き神功皇后の三韓を征服するや矛を新羅の門に杖てられたる

が如き是れ皆主權の表彰に外ならず其武を重んじたることを知るべきなり

第一節　上古

第一項　將帥

兵馬の權は天皇に屬す

前に述べたる如く尙武は古來の風なるを以て兵馬の權は最も重んずる所にして上古に於ては敢て之を臣下に委することなく國內不逞の徒あれば天皇必ず之を親征し故ありて天皇幸するを得ざるときは皇后若しくは皇太子、皇子天皇に代りて軍を帥ゐ敢て臣下の軍帥たることなし其後世事漸く繁雜となり四方事あるも天皇、皇族或は都を離るゝ能はざることあり臣下の甚だ作戰に長したる者に代り往かしむるの頗ぶる便なることもありしかば仁德帝以後は一軍の司令を臣下に委ぬるに至り天皇の親征は、極めて稀なるものとなりたれども一國の兵馬は獨天皇の大權の一なることは永世渝ることなし

第二項　編成

上古軍の編成は氏族の制と同し

上古は全國皆兵の組織にして男子の戰鬪に堪ゆるものは皆共に從軍の義務あり其編成は天皇は直接に大氏の社會の組織と異ることなく兵士は則はち氏人

武官

將校は即はち大小氏の長なり而して平時兵仗を帶し宮門の警衞國內の保安に任ずる者之を大伴連、久米直、及物部連の三人となす此三人の部民は則はち今の兵士にして大伴部、久米部、二十五物部等あり此中大伴の連は天忍日命の裔にして天孫降臨の時命兵器を執りて御前に奉仕してより子孫世々大伴部を從へて朝家の警衞を司り久米直は天津久米命の裔にして亦其祖天孫に奉仕してより子孫世々久米部を從へて大伴連と同しく朝家の警衞に任し物部連は宇摩志摩遲命の裔にして神武天皇以來武を以て奉仕し內物部を帥ゐて儀衞に任し兼ねて刑罰を司とれり是を平時の組織とす

第三項　軍需

此時代の兵器は弓矢、劔、楯、靫等にして各其製作を職とする部曲あり兵士各自好む所の兵器を帶したり糧食に關しては今詳ならず思ふに大伴、久米、物部等は其部曲をして耕耘蠶桑に從事せしめ以て常時の衣食を給したるべく戰時にありては各兵士の糧食は一部は各地屯倉の蓄ふる所一部は各自携帶する所其他は敵地に奪掠する所に由りたるものなるべし

神社は時さして武庫の用をなす

輸送には馬牛及船を用ひたり倭馬飼首、河内馬飼連、牛甘、等は皆是の職を奉するものにして兵馬船官の文字は雄畧紀に見えたり

武庫は特に之を設けざれども神社或は屯倉を以て其用に充てたるものゝ如し垂仁帝の時皇子五十瓊敷命大刀一千口を石上神宮に藏じてより世々兵器を此に儲するの事あり蓋し以て武庫の用をなしたるなり

第四項　地方武官

將軍　伊久佐乃幾美と訓し軍君の義にして崇神天皇の時北陸、東海、西海、丹波四道に派遣したるに始まり仲哀帝の時將、軍あり雄略帝の朝に副將軍あり推古帝の朝征新羅將軍、擊新羅將軍あり皆臨時のものとす

太宰府の起源

宰（ミコトモチ）　大詔を奉して地方に駐在し其地の政治及軍事を司る皆常任の官にして各地方に是ありと雖とも三韓に駐するを行軍元帥、百濟宰、新羅宰と云ひ最も要職とす欽明の朝任那官家滅びてより之を筑紫に置き筑紫の太宰と云ふ

夷守　邊衞に任する常設官にして筑紫、對馬、壹岐等に設けらる

第二節　中古

第一項　令以前の沿革

兵權復朝に歸す

上古の末國勢漸く振はず皇威海外に薄く內外共に多事なりしは大伴、物部、蘇我氏等の土地人民を私し兵權を掌握したるに職由するを以て孝德帝大化改新の際首として國郡の屯倉及臣連以下私有の部曲を廢し天下萬民盡く朝廷の公民となし全く兵權を朝廷に復歸せしめたり實に中世軍政振興の基とす

大化の兵備

兵馬の大權朝廷に歸するの後更に私人の刀甲弓矢等一般の武器を收め兵庫を各國の曠地に建設して之を藏し只邊塞と蝦夷に接する所との民は舊に依りて兵を藏するを許せり其他邊陲に防人斥候を配置し樞要の地に關塞を設け驛路に驛馬、傳馬を備へ更に蝦夷に備へんが爲めに柵戶を築かしむ此等皆各其長ありと雖とも其司令の大本は一に天皇に出づ之を孝德帝の軍事上の改革とす

齊明天智兩帝の邊防

齊明帝の時阿倍比羅夫遠く東邊を征し後方羊蹄に郡領を置きて其地の軍政を統べしめ天智帝の時防人、烽燧を對馬、壹岐、筑紫諸國に置きて邊防警報の爲めにし更に水城を筑紫に城きて三韓の覬覦に備へ其他長門の築城近江の練武等帝の參畫する所甚だ多しとす

天武帝奬武の詔

天武帝最とも兵事に留意し即位の三年初位以上は悉く兵器を備へしめ翌四年京畿の人民に兵器を授け七年には諸臣をして兵馬を畜養せしめ十一年詔して諸國に陣法を習はしめ翌十二年更に左の詔あり

政莫大於軍事、文武官宜務習用兵騎馬、其兵械務要充足、有馬者爲騎士、無馬者爲歩卒、皆當精練以應徵發、若有忤詔旨、不便馬兵、及器械闕乏者、親王以下及諸臣並罰之、大山位以下或罰或杖、其練習特達者、雖死罪從末減、唯特才故犯者、不在其限、

持統帝の即位三年京畿諸國に習射所を設けしめ又天下人民四分の一を以て兵と爲し武事を習はしむ七年高冠の者をして甲、大刀、弓矢、鞍馬を備へしめ更に博士を諸國に派遣して陣法を敎習せしむ

文武帝の時前代の參畫する所を損益して兵制大に備はれり大寶元年諸國に詔して衞士を徵し以て衞門府に配し翌二年筑紫越後に徵して兵衞を編成す慶雲元年諸國兵士に敕し毎軍團を十番に分ち毎番十日の間武事を練習せしむ

元明帝の時屢武事を奬ますの詔あり元正帝の時養老二年更に大に兵備を整頓す今次節に其詳細を記さんとす

第二項　編成

五衞府

軍は京と地方と各其組織を異にす京にあるものは五衞府(衞門府、左右衞士府、左右兵衞府、左右馬寮、左右兵庫等にして地方にあるものは軍團防人是なり五衞府には督、佐、大尉、少尉、大志、少志等ありて其兵を統率し馬寮及兵庫には頭、助、大允、少允、大屬、少屬ありて軍馬及兵器を整頓す以上の武官を稱して內武官と云ふ

軍團

軍團には大毅少毅、校尉、旅帥、隊正あり防人には防人正以下あり以て其兵士を統率す是等を外武官と云ふ

兵士

五衞府の兵士は之を衞士と稱す定數の人員を諸國の軍團に課して員に充て滿一年を以て交代せしむ其總數時に增減あれども二千七百四十餘人を準とす此內兵衞は郡司の子弟其法は一國三分の一郡より採れり

軍團は五六郡毎に一軍團あり其管區內の男子廿歲以上六十歲以下を正丁とし正丁の總數約三分の一を徵して一軍團を編成す故に毎團兵數を同ふせず由て之を三等に分ち一千人に滿つるを大とし六百人以上を中とし六百人未滿を小とし國司其名簿を藏し順次に衞士及防人を命す

防人は邊を守るの兵にして津以西官費を以て之を差遣し隨意に奴婢、家人、牛馬を携ふるを許し衞戍三年にして鄕に歸らしむ

軍團は五人を以て編成の單位とし之を伍と云ふ二伍を火とし五十人に隊正一人あり百人に旅帥一人あり二百人に校尉一人ありて之を統べ少毅は五百人以下の軍團に大毅は六百人以上の軍團に長たり

軍團の兵種には騎、歩あり各自兵士の欲する所に隨ふ其他壯强者二人を每隊(五十人)に取り弩手として弩を習はしめ別に書算に達する者を撰ひて主帳となす」

兵士の徵發は全國皆兵主義にあらす先づ三分の一を準として三分の二を発し更に位記勳等並に鰥寡の有無等によりて又多少の免役を生ず

全國軍團の數及兵士の總計は今明ならざれども九州及陸奥に於ける軍團兵數次の如し以て全國を推知するを得べし

筑前四團四千人　筑後三團三千人　豐前二團二千人　豐後二團一千六百人

肥前三團二千五百人　肥後四團四千人　日向一團五百人　陸奥六團六千人

此時代の兵器は刀、槍、弓、矢、及ひ弩とす

兵士は軍器を自辨す

兵士は火、隊、等の次第によりて騎馬の飼用、幕、釜、斧、弓、弦、征箭其他を備ふるの義務ありて之を軍團附屬の武庫に蓄へ軍團は又別に皷、大角、小角、薬物等を藏す

出師

第三項　出師

天下事ありて兵を出すの要あれば軍團を分合して別に軍を編制す軍に大、中、小、の三あり三者を合したるもの之を三軍と云ふ其統率する武官及軍の兵數左の如し

	三軍（大、中、小、軍を合す）	大軍（一万以上一万二千以下）	中軍（五千以上九千以下）	小軍（三千以上四千以下）
大將軍	一人			
將軍	三人	一	一	一
副將軍	四人	二	一	一
軍監	四人	二	一	一
軍曹	十人	四	四	二
錄事	八人	四	二	二

大將軍、將軍等皆臨時の官にして其配下の軍の操縱進退賞罰一切の權を有し勝

健兒

敗の責に任す

行軍の際甲仗等の戎器は戰闘によりて失落せるものは其責に任せず又損壞せるものは官費を以て之を修理し戰を經ずして損失したるものは其附與せられたる兵士をして三分の二を償はしめ從軍にあらずして損失したるものは時價に準じて之を賠せしむ

出征の時に當り殺以下或は軍令に從はず或は軍氣を沮喪せしむるものは死罪以下大將之を專決し戰後太政官に具狀せしむ

第四項　健兒

兵士の外健兒なるものあり郡司の子弟を簡差し番を以て各國兵庫、鈴藏及國府を守衞せしむ其數次の如し

山城、河内、攝津、伊賀、志摩、伊豆、安房、飛驒　若狹、佐渡、丹後、

石見、隱岐、淡路、阿波、土佐、各三十人

大和、七十人

和泉、二十人

伊勢、相模、上總、美濃、信濃、上野、下野、出羽、越前、越後、播磨、讃岐、各一百人
尾張、參河、駿河、甲斐、加賀、越中、丹波、但馬、因幡、伯耆、美作、
備前、備中、備後、周防、長門、伊豫、各五十人
遠江、紀伊、各六十人
武藏、下總、各一百五十人
常陸、近江、各二百人
陸奥、三百二十四人

健兒は始を詳にせす然れとも皇極帝の時已に其名號あり聖武帝の天平十年一たひ之を停め廢帝の天平寶字六年再ひ伊勢、近江、美濃、越前四國の郡司子弟及百姓を點管して健兒とし桓武帝延暦十一年諸國の兵士を停め健兒を簡差して兵庫、鈴藏、國府を守衞せしむ其人員前述する所の如し

第五項　烽

烽は京より遠隔地に起りたる非常を報するの信號にして約四十里を距て之を

烽

置き烽長二人、烽子四人を配し事あれば晝は定數の烽烟を放ち夜は火光を擧げ前烽或は應せざれば人をして之に告知せしむ事軍防令に詳なり

第三節　令以後の沿革

第一項　六衞府

令の制に衞門府、左右衞士府、左右兵衞府あり總て五衞府と稱せしが聖武帝神龜五年中衞府を創置し付するに衞兵三百人を以てし大内の守衞に任し五衞府と併せて六衞府と通稱し孝謙帝の時舍人を中衞府に加へて其人員を四百人とせり廢帝の時更に授刀衞を置きしが稱德帝の時に至り此名を改めて近衞府となし又別に外衞府を置く光仁帝に至り外衞府を止め其人員を近衞、中衞、兵衞三府に分配す後平城帝大同二年に至り近衞府を改めて左近衞と云ひ中衞府を改めて右近衞と云ひ翌年衞門府を廢して衞士府に併はす是より六衞府とは左右衞士府、左右兵衞府及左右近衞府の通稱となれり

第二項　總管　鎭撫使　節度使　兵事使

事官制の部に出づ

第三項　東國の兵備　六衞の減員

天平中東國屢々擾亂せしかは朝廷鎭守將軍、征東大使等を派遣し之れを征せしめしかど終に寸功なかりき桓武帝大に意を東方に注き東海、東山、坂東諸國の兵をして多賀城に會し蝦夷を鎭せしむ而して京畿は大平日久しくして六衞の人員必らずしも定制に由るを要せざるにより衞門府の衞士四百人中七十人を減し左右衞士府各六百人より二百人を減す此後兵十万を徵し坂上田村麿を將とし軍監十六人軍曹五十八人を付して東夷を鎭定せしむ

第四項　檢非違使　瀧口武者　北面

檢非違使のと前章に出づ瀧口武者は宇多帝の置かれたる禁中の宿衞にして北面武士は白河帝の置く所なり蓋し六衞の風氣大に衰へ其力以て有事の日に恃とするに足らさるを以て別に是等の諸兵を備ふるに至れるなり

第五項　武士

國郡の制定まり國守期を定めて任地に赴むきしが其任滿ちて京に歸るに當り子孫或は其地に土着するものあり是輩素より其閥閲に於て他の庶民と同しか

國司―住人―武士

大名＝高家
小名＝黨

私兵を公認す

らず自から其上にあり號して住人と稱せしか後に諸國の武士と云へるもの則はち是なり王政衰ふるに及び是等の武士爭ふて莊園を占有し地を有すること大なる者は之を大名若しくは高家と云ひ小なる者は之を小名若しくは黨と云へり元來私人の兵を蓄ふることは令の規定により毎々之を禁せしが今や朝命僻遠に及はさるを倖とし是等大小名等は其門閥と富とにより子弟僕隸を養ふて私兵となし稱して家子、郎黨若しくは家人と云ひ互に弓馬を以て雄を地方に爭ひ遂に又朝命を顧みざるに至りしが此中最も有力なる者を源平二氏となす

朝廷の公卿搢紳は率ね皆風流嫺雅を尙び兵事を卑とし職は或は大將と云ひ或は少將と云ふも而かも口兵を談するを耻とせり而して世は久しく太平なるを得ず或は東國平忠常の亂あり南海藤原純友の反あり是に於てか公卿は奈何とも爲す所を知らず乃はち征討のこと一功を擧げて之を武門に委ね自から其の私兵を公認するに至れり是より源平二氏は功ある毎に益々其勢を益し縱令表面には京師に於て藤原氏の頤使に任かすと雖とも其裏面に於ては實力を各地方に扶植し枝葉漸く繁茂し其根底太だ堅く遂に他日武家政治を見るに至れり

第八章　社寺の制度

第一節　上古

我國古來神を尊崇すること最も厚く祭神の權を以て天皇大權の一となし歳時若しくは事あるの時は天皇臣下を率ゐて神祇を祭祀し給へり故に神祇に關する制度は比較的頗ぶる整頓せる所あり

一、神社　上古より宮中に奉祀せる天照大神は勿論なるが其他各氏族も亦其祖を祭り之を氏神と稱し常に其居住する所に於て之を祭祀せり

古代神を大別して天神、國神或は天社、國社とす蓋し天上の神地上の神の謂なり

二、祭官　祭神には天皇萬民を率ゐて之を執行すれども常時別に神に奉仕するの官あり中臣、齋部等是なり地方にありては國造以下の官皆祭神の事を司り稻置、縣主等も亦同しく神に奉仕せり

三、祭祀　上代神を祭るには常に神社なるものあるに非す其時々に先つ祭場を淨め祭壇を造り祭器を調へ贄を備へ以て之を祭るなり日本書紀に神武天皇

天武紀に神税三分二を神に供へ三分一を神主に給すさあり古來の制なるべし

祭神のことを記して曰く

於是天皇甚悅、乃以此埴、造作八十平瓮、天手抉八十枚嚴瓮、而陟于丹生川上、用祭天神地祇、

又神に對して盟誓することあり或は神意を卜することあり則はち盟神探湯の如きは神に僞なきを誓ふの意にして神武天皇の丹生川上に神祇を祭らせ給ふの後或は八十瓮を以て或は嚴瓮を以て征夷の成ると否とを卜し給ひしとあるは是神、意を卜するの意に出てたるものなり

四、神地　神戸　崇神天皇七年に天社、國社に神地、神戸を定めらるゝのとあり神地とは神を祭祀する爲の田地にして神戸は此田地を耕耘する人民を云ひ神地を耕して其收穫の幾分を神に供し其他に各自製作物より出す所の調及徭役若しくは之に代ふべき庸を納めたり而して各社に神主あり神戸より納むる所の調米を收支し祭祀を司り齋倉ありて神戸より納むる米布其他祭神に供する器具等を貯藏し又附屬の奴婢あり神主之を役して神用に供す神奴婢の起源は俘囚及寄附にあり

（景行記）日本武尊（中畧）逮于能褒野而痛甚矣則以所俘蝦夷等、獻於神宮云々、

第二節　中古

大化改新の際石川麻呂奏して曰く先つ神祇の祭を始め然る後に政事を議すへしと是に於て神事の制定を以て諸般改革の始とせり此後今の制定に至りて神祇の制全く成る其略左の如し

一、神祇官以下の官司　官制の部に出づ

二、神社の資用　神社には各神田、神戸あることは大化以前と異るとなし神田は皆不輸租田にして其穫る所は一に神社の用に供せり又神戸の租は出擧を許さゝることと義倉と同しくして國司先つ之を檢して後其神主に送るものとす

第三節　佛寺

一、大化以前の制度

欽明天皇の十三年百濟王佛像及經論幡蓋を獻す之れを本邦に佛教の渡來せる始とす然れとも西陲には其民早くより三韓に往來したれは或は之に歸依したりしもあるへく又歸化の民の早くより佛像を我國に齎らして自から之を信し

たりしもあるべし只佛敎公然の渡來を此年となすのみ

佛敎渡來の後物部蘇我兩氏は政治上の意味と信仰上の意味とを合せて相敵視し物部氏滅ひて蘇我氏獨り盛なるに及ひ其奉する佛敎は忽ち非常なる勢を以て庶民の間に傳播せり而して身攝政の高位にあり智德共に一世に師表となり大に諸般の制度を定めて施政の法を一新し以て世に瞻仰せられたる厩戸皇子の其制定せる憲法に三寶を敬すへきことを記して崇佛を奨勵したるは佛敎の擴張に有力の効ありしに相違なきなり此際蘇我氏は法興寺を營み厩戸皇子は法隆寺を建立し各其私地を寄せて寺有とせり凡そ上の風は自ら下に傳はるものなれは是より地方に於ける寺院僧尼の數は忽ちに增加し推古の御代にありて寺四十八ケ所僧八百十六人尼五百六十九人合して一千三百八十五人の多きに及へり是に於て僧尼佛寺を管理せしめんが爲に推古帝の時僧正、僧都、法頭等の役名あり僧侶中の名望者を撰ひて之に任し僧侶佛寺の事を司らしめたり又寺院僧尼の資用は各人より寄進せる寺田と臨時に寄する所の淨財とによるものにして寺田の制は畧神田と相同しとす要するに大化以前にありては佛教は駸々として其信者の數を加ふると雖とも未た其總數に於て甚た多しと云ふべからされは是か制度も前記の如き漠然たるものに過きす又僧尼の取締法の如きも別に定まれるものなかりき

二、中古以後の制度

官司　僧職　寺院僧侶を司るは中務省、治部省等なれとも主として治部省の玄蕃寮となす

（職員令）　玄蕃寮頭一人、掌佛寺僧尼名籍（謂東京並諸國佛寺及僧尼名籍也

僧侶中に種々の職を置き以て一般の僧尼を統率せしむ之を僧綱と云ふ僧綱とは總名にして分ちて僧正、僧都、律師の三職となす此中僧正、僧都は各大小に分てり此二職は既に推古の朝に其名あり律師は始めて天武の朝に見ゆ

僧正は長官に僧都は次官に律師は判官に相當するものにして其下則はち三綱の次なるを錄事と云ひて主典に相當するものとす以上の職は京師にあるものにして地方には三綱なく各寺に上座、寺主、都維那の三綱及ひ座主、長者、別當、長吏、檢校の三あり以て其寺内の事を司れり

三綱は僧侶中の最高職なるを以て之に任命するは極めて丁重なる撰擇儀式を要す其人員の如きも甚た少く弘仁の頃員數を制限し僧正、大小僧都各一人、律師四人とし是に授くるに法師、法眼、法橋の三位階を以てせしが後其制漸く弛み僧綱に非すして此位階を得たるあり或は佛師、經師の僧綱に列するあり遂に中世の末葉には其數一百人の多きに登れり

以上諸職の外已講、內供、阿闍梨は有職三綱と稱し內殿に宿直して聖躰の安穩を祈願するの職なり其他大威儀師、威儀師、從儀師、法務、權法務等の職名あり

僧尼　人は私に僧尼となるを得ず先つ官司に届け其認可を經るを要し還俗も亦一の手續を要す又其身既に俗を去り弘法を旨とし私慾を忘るべきものなれば興販出息或は俗緣の者の遺產を受け又は私に園宅財物を蓄ふるを得ず其他言語動作共に嚴重なる制限あり

寺田　神田と同しく不輸租田なり又後世神田と同しく庶民之を寄進す

第九章　教育の制度

教育制度

大學

應神の朝に三韓より文學傳來し皇子を始め上流の人々は之を習ひしと雖とも當時は皆各自隨意に學びたるものにして今の私塾の如く別に公に定めたる制度とてはなかりき去れど文運は次第に隆盛に赴むき推古の朝には既に國人の手により種々の書籍の著述せられたるもあり後孝德帝の時高向玄理及僧旻を國博士となす云々とあり又學生巨勢臣藥云々の文字あり然れとも是等を除きては他に敎育の事に關し見る所なし天智天皇の朝には學校あり學職頭之を統督し以て法律、兵學、醫藥、五經、陰陽等の學科を講習せり

令の規定する所の敎育制度左の如し

學校に左の二種あり

大學寮　　國學

一、大學寮　大學寮は式部省に屬し其職員次の如し

頭一人、助一人、大允一人。小允一人、大屬一人、少屬一人、博士一人、助敎二人、音博士二人、書博士二人、算博士二人。學生は其數四百人にして五位以上の諸王、諸臣の子孫及東西史部の子及八位以上の者の子の情願するものより取り先つ音博士をし

國學

て音讀を敎習せしめ然る後博士、助敎をして經學を敎授せしむ又別に算生三十人を集め算博士之に算術を敎授す

二、國學　國學は國司に屬し國博士一人あり大國にては五十人、上國四十人、中國三十人、下國二十人の學生に經學を敎授し別に醫師ありて各國醫生を敎ゆ其數學生の五分の一にあり學生は郡司の子弟を以てす

大宰府には博士一人ありて管國內の學事を督す

三、敎科書　學校に於て敎授するものは周易、尙書、周禮、儀禮、禮記、毛詩、春秋左氏傳にして是を各一經と云ひ兼て孝經、論語を習はしむ

四、試驗　學生は十三歳以上十六歳以下の聰明なる者を取り一旬の中九日は經書を講習し餘一日を休暇とし更に每年春秋に釋奠の禮を行へり

每休暇の前日に博士學生を考試して學生の勤怠を責め更に一年の終りに之を試み八問題に答へしめ六以上を得たるを上とし四以上を中とし三以下を下とす其下たると屢なるもの若しくは在學九年にして次に記する所の貢學に堪えざるものには退學を命す

貢學

學とは大學より政府に推擧するの義にして式部省にて之を試驗するを考貢と云ひ試法に秀才、明經、進士、明法の四あり

貢とは國學より政府に貢進するの謂にして政府之を試みて其能否を定む

考試終るや直に其及落を定め及第するものは之を官吏に用ひ落第せるものは大學國學に歸らしむ

以上の二學の外陰陽寮には陰陽博士ありて陰陽學を敎授し曆博士、天文博士ありて曆學、天文學を敎授し典藥寮に醫博士、針博士、按摩博士、咒禁博士、藥園師ありて各其業を敎授す

第十章　司法制度

第一節　上古

上古に於ては百般の事簡樸なると共に司法の制度の如き未た確然たるものあらさるは勿論なれとも苟も上下の服從各自の利害ある限りは必すや其間の衝突對捍を矯正調停せんが爲に一種の司法制度あらさるへからざるなり然れとも

上古訴訟少し

も當時我民俗簡易にして爭の如き甚少く魏志にも日本の俗を記して『不盜竊少訴訟』云々と書したる程なれは此種の制度は他の土地、貴賤、兵事等の制度に比して最も進歩せざるものなりき

第一項　民事法

賣買交換　當時に行はれたる方法は只物品の交換にして布帛及び稻穀は間々通貨の用を爲せり顯宗紀に稻一斛銀錢一文とあるは後世の文飾か或は一部分の事のみ廣く全國に行はれたるに非るなり

貸借　消費、賃兩種の貸借の上古にも既に行はれたるは孝德紀、持統紀によりて知るべし

親族　古血統を重んするにより家長權甚た大にして一家の長たるものは其子弟を他に賣與するとを得たり持統紀に若有百姓弟爲兄見賣者從良、若子爲父母見賣者從賤とあるにても知るべし

婚姻及相續　一夫多妻にして中一人を正妻とし之を「ムカヒメ」と稱せり相續は長子相續にして遺言相續も亦行はれたり

第二項　刑事法

罪に天罪、國罪の二種あり天罪とは稼穡を害し齋殿を汙す等の罪にして國罪とは傷人、姦淫、蟲毒等の罪を謂ふなり刑罰には死罪、流刑、黥刑、沒官、貶姓、解除等あり

第三項　訴訟手續

裁判所の構成は氏族と同じ

上古は氏族政治なるにより一族内の爭訟は大抵は其族長之を裁判して他を煩はすことなし故に上古裁判所の構成は氏族の組織と相終始するものと云ふべく氏人の爭訟は小氏の氏上之を決し小氏の氏上の爭訟は大氏の氏上之を決し大氏の氏上の爭訟は朝廷にて之を決するを法とせり

朝廷に於て裁判をなす時は先つ中臣連、齋部首、儀式を備に神に請ひて悪祓善祓と稱して兩度の祓を執行し祓毎に贖を爲さしむ斯くして後其罪を推訊し罪名を定め大伴連、物部連の兩職其刑を執行す中臣、齋部、大伴、物部の四氏は祭事に兼ぬるに司法の事を以てし就中民事は多く中臣、齋部之を司り刑事は大伴、物部之を掌り大抵は此四氏にて決したれとも事の重大なるものに至りては天皇若しくは太子の親からせらるゝことありき

盟神探湯は拷問の一法なり

立證の法としては盟神、探湯の法あり「クガタチ」と訓す（允恭記）或泥泥釜煮沸攘手探湯泥、或燒斧火色置于掌、（北史隋書）置小石於沸湯中、令所競者探之云理曲者即手爛、或置蛇瓮中令取之、云曲者即螫手、

訊問の際服罪せさる時は拷問を行へり前述の探湯も其一種にして猶他に種々の法ありしが如し北史日本傳に

毎訊究獄訟、不承引者、以木壓膝、或張强弓以弦鋸其頂、云々、

訊問終るの後罪を決するは法官の合議に由れるか如し（日本紀）然後諸神、歸罪過於素戔嗚尊而科之以千座置戸、遂促徵矣、

人皇の世に至りても亦此の此くにして罪を定め中臣即はち解除の諄辭（判決文）を作りて罪人に聞かしめ法に從ひて大伴、物部兩氏之を處斷す

第二節　中古

大化改新の後より大寶、養老に至りて唐の制に倣ふて律令等大に定まりたれとも其中民事法に關するものは別に項目を分たす之を刑律並に令中に混入せり

故に刑法は兎に角民法は未た至らざる所甚だ多し蓋し社會の進歩は未だ詳密の民法を要するに至らさると唐の制にも別に民法の規定なかりしとによりてなり今律令中より民刑兩法を區別して中古の司法制度を敍せんとす

第一項　民事法

第一　人

身分によりて財産上多少の差あり

人は身分によりて財産上の權利能力に制限あり例へは子孫は父、母、祖父在す間別籍異財を得す僧尼は財物を蓄へ貨殖の事に從ふを得ず五位以上は市肆を置き物品を販賣するを得さるの類なり

第二　物

物の中園地宅地最も重し

物に動産、不動産の區別なしと雖とも其種類によりて又輕重の差あり

(一)園地宅地　土地の制度中に述べたるが如く土地は財産中最も尊重せられ田地は之れを國有とし人民は之れを賣買するを得ず只宅地、園地は私地として官許を得て賣買讓與するを許可せり然れとも之れを寺院に喜捨賣與するを得ず

(二)奴婢　奴婢は法律上一個の資産なれども賣買讓與は其手續至て愼重なり
(關市令)凡賣奴婢皆經本部官司、取保證立券付價、
(三)牛馬　土地奴婢の次なるは牛馬なり此が賣買には官司を經るを要せざれども猶保證と私券とを要せり
(關市令)其馬牛、唯責保證立私券、
(四)家屋其他の財物　別に丁重の規定なし

第三　所有權

所有權　埋藏物、漂失物及山川藪澤の天産物等に關し先占の所有權を認定せり即はち左の如し
(雜令)凡於官地得埋藏物者、皆入得人、於他人私地得、與地主中分之、得古器形製異者、悉送官酬直、
(雜令)凡公私材木爲暴水漂失、有採得者、並積於岸上、明立標牓、申隨近官司、有主識認者、五分賞一、限卅日外無主認者入所得人、
(雜令)凡國內有出銅鐵處、官未採者聽百姓私採、若納銅鐵折宛庸調者、聽自餘非

禁處者、山川藪澤之利公私共之、

第四　債權法

其一　契約

債權法

賣買

賣買の形式

宅地の賣買には官の許可を要することは前既に之を記せり又奴婢の賣買には(一)官許(二)保證(三)私劵を要し、牛馬の賣買には(一)保證(二)私劵を要し奴婢、牛馬を買得し劵を立つるの後舊病あるものは三日の間は其契約を無効とするとを得

絹布、器物等の賣買に關しては雜律に規定して曰く

凡造器之物及絹布之類、有行濫狹而賣物、各杖六十、

出擧(質入)

出擧の利子期限其他の規定

出擧とは今の所謂質入にして一定の期限の後に等量等質の品に一定の利息を加へて返濟するの法を以て金穀其他の物品の所有權を移動するの契約なり

(雜令)　凡公私以財物出擧者、任依私契官不爲理、每六十日取利不得過八分之一、雖過四百八十日不得過一倍、家資盡者役身折酬、不得廻利爲本、若違法責利契外

掣奪、及非出息之債者、官爲理、其質者非對物主不得輙賣、若計利過本不贖聽造所司對賣即有乘還之、如負債者逃避保人代償、凡以稻粟出擧者、任依私契官不爲理、仍一年爲斷不得過一倍、其官半倍並不得廻﨟本更生利、及廻利爲本、若家資盡亦准上條、凡出擧兩情和同私契、取利過正條者任人糺、告利物並給糺人、

預物（受寄託物）　借物（貸借）

預物　預物は受寄者之を費役するを得ず寄托者の請求するあれば直に之を返却するを要す但し寄托の間水火盜難等の責に任ずることなし

借物　借物は所謂使用貸借にして他日原物を返却するの間は之を使用するを得るものなり但し水火盜竊の責に任す

法曹至要抄に人宅を借りたるの時故意にあらずして火を失ひ燒失するものは其償を要せざることを記す是れ今日に至るまで我國の慣例として行はるゝ處なり

和與　和與　今日の所謂贈與にして必ず合意を要す若し脅迫に出てたる時は受者

罪あり

其二　損害賠償

損害賠償の規定

過失殺傷　過失により他人を殺傷したるときは贖銅を被害者に與ふるものとす

(法曹至要抄)　鬪訟律云、過失殺傷人者、各依其狀以贖論、案之謂過失者、耳目所不及、例令投擲瓦彈射、耳不聞人聲、目不見人出、而致殺傷、其思慮所不致者、謂本是幽僻之所、其處不可有人、投瓦及石誤有傷殺(中略)如此類皆爲過失之罪、不同正犯、徵贖銅可入被殺被傷之家也(下略)

官私の牛馬畜産を殺傷したる時

廐庫律　凡故殺官私馬牛、徒一年賦重、及殺餘畜産若傷者、計減價准盜論、各償所減者笞卅(見血蹶跌無傷)若傷重五日內致死者、從殺罪論其誤殺傷者、不坐但償其減價(下略)

己の畜産の他人の器物若くは畜産を殺傷したる時

(廐庫律)　凡官私畜産毀食官私之物、登時殺傷者、各減故殺傷三等償所減價(下略)

(廐庫律)　犬自殺傷他人畜産者、犬主償其減價、餘畜自殺傷者償之半(下略)

官私の器物を棄毀したる時

(雜律)　棄毀官私器物、毀伐稼穡者準盜論、棄毀亡失及誤毀官私器物者各備償、若被強盜者各不坐不償、

第五　家族法

家族法

家長權　氏上、家長、戶主、

氏上は只名譽の稱號となる

大化以前にありて氏人を統率し極めて重大の權力を有したりし氏上は大改革の結果として大寶令以後は單に名譽の稱號たるに止まりて公法上に載せらるゝは左の二令に過きす其他に於ては地位權勢他の一般と異る所あらさりき

(繼嗣令)　凡三位以上繼嗣者、皆嫡相承(中略)四位以下唯立嫡子、其氏宗者聽勅、

(喪葬令)　凡三位以上及別祖氏宗、並得營墓以外、不合雖得營墓若欲大藏省聽、

大化の制族長主義を廢し人民各戶同位置にあらしめんとせしが元來我國の親族間は極めて密接親近にして之を一戶一戶に分たんこと甚だ難かりき是に於て制度の上に於ては族長を廢したりしも猶戶籍の上に於て一戶中に血族の親

家長重くして戸主輕し

近なるもの一家若くは數十家を包有せしめ家長の主なる者一人を以て戸主として之か長たらしめたり然れとも戸には古の氏の如く私地部民等なきを以て戸主は氏上の如き權勢を有せず又財產其他の權利上家長をして戸主より獨立せしめたれば戸主の權愈薄くして蘇我、物部等强大なる臣下を生するの弊を少からしめたり

家督相續

家督相續

相續は家督相續にして長子を以てするは上古以來變する所なし令義解に曰く

凡戸主皆以家長（謂嫡子也凡繼嗣之道正嫡相承雖有伯叔是爲傍親故以嫡子爲戸主也）

長子或は無く或は事故あり相續を得さる場合に適法の相續者は左の序を以てす

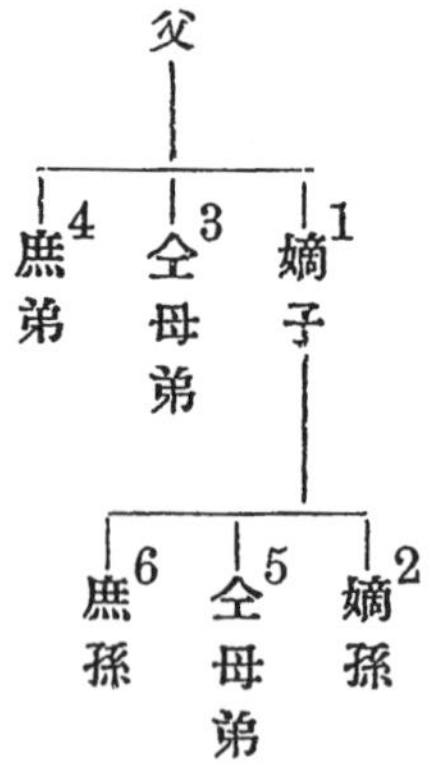

右は三位以上の相續順序にして四位以下は只嫡子を立つとあり

雑令に家長在るの間は子孫弟姪等家財を隨意に運用するを禁するのことあり

而して玆に家長と云ふは只祖父伯兄を云ふものにして嫡子より成りたる家長にあらず即はち此塲合は家長死して相續者猶幼なるの間家中の尊屬の者暫く家長の事を掌るの間を云ふなるべし

養子

子孫なきもの其親族の子を養ふは公に認可する處にして左の三條件に合するを要す

一、養父に子孫なき事

二、養子は養父の四等以上の親にして昭穆に合すること

三、養子は養父より十五歳少かるべきと

又我國古來最も血族を重んするにより賤民の養子を許さゞりしは勿論なりとす

婚姻

（頭注）養子

昭は父穆は子の謂にして養子は子列中より撰定するものなり

婚姻の規定

結婚

其一　結婚　結婚は男子十五歳以上女子十三歳以上に許し賤民は當色なるを要せり

結婚の手續女子は獨自の意見を以て他と婚するを許さす必す婚主なるものゝ承認を要す只婚主たる親族なき女子は其隨意とす婚主たるへきものは左の如し

(戸令)　凡嫁女皆先由祖父母、父母、伯叔父姑、兄弟、外祖父母、次及舅、從母、從父兄弟、若舅、從母、從父兄弟不同居共財及無此親者、並任女所欲爲婚主、

兩者の合意成るの後贈財結納あるを要す

結婚を許さゝる場合左の如し

重婚即ち妻ある男子若くは夫ある女子　良賤の間　父若くは夫の喪にある者　監臨の官と所臨の女　姦通せる男女

以上のものは假令事實上結婚ありしも法律上之を分離せり

結婚の合意の法律上効用を生するの時は左の如し

許嫁の法律上効力を生するは贈財(結納)を受けたるの時にあり

（戸婚律）許嫁女已受聘財、而輒悔者笞五十、

結納は法律上効力を生するの時なれども其効を失ふは夫の婚を約するの後故なくして三ヶ月式を擧けざる場合夫逃亡して一ヶ月間還らざる場合外蕃に沒落して一年間還らざる場合及夫の徒罪以上を犯せる場合等なり（戸令）

離婚

其二　離婚　夫其婦を離婚するには左の七件の何れかに充當するを要す

一、無子 謂雖有女子亦爲無子更取養子故　二、婬泆 謂婬者蕩也泆者過也須其奸訖乃爲婬泆也　三、不事舅姑 謂夫父曰舅夫母曰姑

四、口舌 謂多言也婦有長舌維厲之階是也　五、盜竊 謂雖不得財亦同盜例也　六、妬忌 謂以色曰妬以行曰忌　七、惡疾

右の七件に充當すと雖も之を去るべからさる場合あり左の如し

一、經持舅姑之喪　二、娶時賤後貴　三、有所受無所歸 無主婚之人是爲無所歸

義絶、婬泆、惡疾は此除外例とす

法律上離婚を命するは義絶の場合にして左の如し

一、妻の祖父母、父母を毆ち及び妻の外祖父母、伯叔父姑、兄弟姉妹を殺したる時

二、夫妻の祖父母、父母、外祖父母、伯叔父姑、兄弟姉妹自から相殺したる時

三、妻夫の祖父母、父母を毆詈し或は夫の外祖父母、伯叔父姑、兄弟姉妹を殺傷し

婦の財產は夫の財產にして夫に父あらば又之に歸す

或は夫を害せんと欲したる時

又結婚成るの後夫外蕃に沒落したる時は婦の子ある者は五年子なきは三年又夫逃亡したる時は婦の子あるは三年子なきは二年にして改嫁するを許す

夫其妻を離婚せんとする時は先つ祖父母、父母の許諾を得べく祖父母、父母なきは自己の意を以てするを得次に手つから棄狀を書し尊屬近親と連署して之を妻に與ふ若し書を解せざれは指を畫して記となすべし而して妻の齎らす所の財物、奴婢及奴婢の子は皆之を妻に附す

其三　夫婦財產上の關係

夫婦財を異にするは法律の許さゝる所にして婦の齎らす所の財物、奴婢は之を夫の所有として夫は隨意に之を處分するを得而して父子異財も令の許さゝる所なるを以て夫に父あるの時は婦の齎らす所の財產は當然夫の父の所有に歸するものとす

（令集解）釋云謂妻者是兄弟之妻也、假有婦隨夫之日、將奴婢牛馬並財物等、寄從夫家、夫婦同財故歸物爲夫之物、亦有父父子同財因轉爲舅物、

遺産相續　戸令の規定する所左の如し

(第一)遺言ある時　には其遺言に準據して分當す

(第二)遺言なき時　には先つ妻の賫らす所を去り之を妻に與へ其餘を以て左の如くに分當す

(一)功田功封　は嫡庶の別なく男女子に均分す

(二)家人奴婢　田宅資財　は悉く數量を計算し左の如くに分當す

嫡母　二　繼母　二　嫡子　二

庶子　一　女子　半　妾　半

(三)(二)の場合に於て嫡庶子の財主に先ちて死亡したるものある時は其男子父の分を受く若し男なき時は死亡したる者の寡妻妾分當を受く(其率明ならず)

財主の子皆死亡したる時は其子(財主の孫)嫡庶の別なく各一、其姑(嫡庶子の妻)姉妹(財主の孫女)の猶嫁せさる者及姉妹の嫁して未た分財を得ざるものの各半

（四）遺族同財共居を欲する時は之を許す
（五）養子は嫡子となりたるものは嫡子の分を受く
（六）不孝の子は分財に預るを得ず（法曹至要抄）
（七）僧尼は緣身資用の外遺財に與ることとなし
（八）身死して戸絶え親なき者の遺財は四隣五保相共に其家人、奴婢、宅資を檢校し家人、奴婢を放ち財物を以て亡人の弔祭に資す但し生前之が處分を定めたるものは其意に任す

第二項　訴訟手續

當時民事刑事の區別明ならざれども所謂民事に近きは次の手續を以て訴訟を提起せるものなり即ち被告官吏なれば本司と稱して其奉仕する官廳に訴へ庶人なれば本屬と稱して其本屬地の役所に訴へ或は遠隔の地に於ては便司と稱して便宜の役所に出訴す此際當該官廳は判召と稱して被告を召喚し若し被告兩限即はち廿三日間法廷に來らざれば司法官は之か審問を爲さず事情を審査し訴訟を裁斷す然れども被告之に不服なる時は猶改判を乞ふを得べし

訴訟は總て先づ下級の役所に出だし原被何れか其判決に不服なる時は更に其上級の官廳に上訴し次第に官廳を經て中務省に及ぶを得べし

第三項　刑事法

第一　裁判管轄　審問　判決

裁判管轄　刑事裁判の管轄は罪の種類輕重により官司を異にすると左の如し

太政官　流罪以上

刑部省　官吏の徒罪及京に貫屬せざるものゝ京にて犯したる徒罪以下を直決す

諸司　所屬官吏の杖罪以下を直決す

京職　京に貫屬するものゝ杖罪以下を直決す

國　杖罪を直決し徒罪以上は太政官に申覆す

郡　笞罪を直決し杖罪以上は刑を定め國に讓送す

審問　獄令に裁判官の心得を記して曰く察獄の官は先つ五聽を備へよと五

五聽

聽とは一に曰く辭聽、其言を出すを觀る不直なれは則はち煩ふ二に曰く色聽、其顏色を觀る不直なれは則はち赧然たり三に曰く氣聽、其氣息を觀る不直なれは則はち喘く四に曰く耳聽、其聽聆を觀る不直なれは則はち惑ふ五に曰く目聽、其眸子を觀る不直なれは則はち眊然たりと

次に諸證據物を檢し以て被告人を審問す證憑充分にして猶實を吐かざるものは拷問を用ふ斯くの如く訊問すると三回每訊の間二十日を隔つるを要し三訊を經て始めて決す但重害則はち盜殺、放火の如きものにして疑似の點少きは必すしも三訊に滿つるを要せす斯くして辭定まる所あれは裁判官は之を寫し被告に讀示す今の所謂口供なり

未決囚を拘禁するは之を禁囚と云ひて死罪には枷杻し婦女及流罪以下は杻を去り杖罪は散禁す散禁は木索の類を用ひす只出入を禁するのみ又年八十以上十歲以下及癈疾、懷孕、侏儒の類は死罪を犯すと雖とも亦散禁す

判決

判決　判決を下すは悉く律令の正文に依るものにして死罪は天皇の裁可を要し太政官之を奉行す流罪は太政官之を決して後に奏上し徒罪は刑部省杖以

下は京職、諸地方官之を決するものとす
議請に關しては大納言以上刑部卿、大小輔、判事又は別勅を以て參列を命ぜられたる其他の諸官司相會して其事を議定す此會に於ては議請及流以上、除免官當等其理由を案覆するものにして各員其意見を述べ併せて之を奏聞す
司法官にして犯罪人と血族、師弟、愛憎等の關係ある者は他人をして代はらしむ
（獄令）凡鞫獄官司與被鞫人、有五等內親及三等以上婚姻之家、並受業師及有讐嫌者聽換推經爲帳內資人於本主亦同、
地方の盜殺及徒罪以上の刑事は朝集使に附し太政官に申す是に於て太政官は法律に强明なる者を撰ひ往て之を申覆せしめ其判決の遲滯を催促し又は國司判決の當否を查案し又國司と意見を異にする時は之を太政官に上申せしむ
裁判の間格の更定せらるゝことあれは左の令に由る
（獄令）凡犯罪未發、及已發未斷決、逢格改者、若格重聽依犯時、若格輕聽從格法

第二　刑法

刑事に關する法律も大化改新以來多く隋唐の制に倣ひ國俗を參酌して大に具

刑律の種類

備するに至れり其律を分類すると左の如し

一、名例　二、衞禁　三、職制　四、戸婚　五、賊盜　六、廐庫　七、擅興　八、鬪訟　九、詐僞　十、雜　十一、捕亡　十二、斷獄

右の律は天智帝の時始めて成文となりたるものを天武、持統兩帝の時修正を加へ文武帝更に補正し大寶元年八月大寶令と同時に大成し元正帝の時又多少の更定を經たるものなり而して律は令と異りて制度後數百年間一も變更するとなかりしも中頃政治の弛廢と共に其施行も十分ならさりき

中世天下大に亂るゝに際し律の全文多く散逸したりしが慶長年中德川家康古書を天下に求るの際名例、賊盜の二篇を得後職制、衞禁二律も世に出で文政年中石原景明氏律逸の著あり以て不完全ながら略一般を推知するを得るに至れり」

律は總て唐律に同し

律の大要及唐律との比較

(一)名例律　名とは刑名の謂にして例は法例の義なり故に名例律とは刑名と法例とを併せて規定せるものなり唐律に於ても第一に名例律あり盖し我國は之に倣ひたるものなり

唐の名例律には先つ五刑、十悪、八議の律文を掲く而して我律にては是と同意義なる五罪、八虐、六議を名例律の前に掲けたるは思ふに後世傳寫の誤りなるべし五刑に於て彼我異る處は只贖銅の多少流刑の遠近のみ八虐は唐の十悪中不睦内亂の二條を不道、不孝、不義中に合せたるのみにして謀反、謀大逆、謀叛、悪逆、不道、大不敬、不孝、不義共に異るとなし六議は議親、議故、議賢、議能、議功、議貴にして唐の議勤は議功中に併せ議賓は國體上其用なきを以て共に略したるものなり此他逐條大抵同意義同文にして只彼にありては多く繁我にありては多く簡なるの差あるのみ

(二)衞禁律　山陵、宮門、宿衞、關、邊防等に關する法律にして唐にありても亦衞禁律と云ふ記す所亦相似たり

(三)職制律　官吏職務に關する法律にして唐律亦同名なり我律は五十六條より成り唐は五十九條より成る今彼我の有無を比較するに我は唐律中只左の三條を缺くのみ他は悉く相仝し

刺史縣令私出界、　廟享有喪　上書奏事犯諱、

文章全く相仝しくして刑も亦相似たり只我にありては大抵彼よりも輕きのみ」

(四)戶婚律　戶籍、婚姻に關するものにして唐律も同名なり唐律には三十二條あり我律は今存するもの二十七條のみ

(五)厩庫律　牛馬、獸畜に關するものにして唐の厩庫律は二十八條我律は廿一條を存す

(六)擅興律　兵力、武器に關する法律にして六條を存す唐の擅興律は廿四條あり

(七)賊盜律　謀反、殺人以下兇姦を罪するの法律にして五十三條全存す唐の賊盜律亦五十三條あり

(八)鬪訟律　毆打、殺傷等に關する法律にして三十七條を存す唐の鬪訟律は五十九條あり

(九)詐僞律　官物僞造及詐稱等に關する法律にして十四條を存す唐の詐僞律は二十七條あり

(十)雜律　贓、鑄錢、負債不償、博戲、姦婬、盜决堤防、官私器物毀棄等他の法律に編入

せざりし刑律なり十四條を存す唐の雜律は六十三條あり

(十一)捕亡律　罪人捕縛に關する法律なり十條を存す唐の捕亡律は十八條あり

(十二)斷獄律　罪人の審問、判決に關する法律なり二十二條を存す唐の斷獄律は三十四條あり

第三　刑罰減等

刑に正閏の二種あり正刑とは笞、杖、徒、流、死の五種なり之を五刑又は五罪と云ふ左の如し

笞罪　笞十より笞五十に至るまで五等あり其差各十贖銅亦之に準し一斤より五斤に至る

杖罪　杖六十より杖百に至るまで五等あり其差各十贖銅亦之に準し六斤より十斤に至る

徒罪　徒一年より徒三年に至るまで五等あり其差各半年贖銅亦之に準し廿斤より六十斤に至る

流罪　近流(京より三百里)贖銅百斤　中流(京より五百六十里)贖銅百二十斤　遠流(自京千五百里)贖銅百四十斤の三等あり

死罪　絞、斬の二種あり斬を以て重しとす贖銅各二百斤

閏刑　即はち附加刑には除名、免官、免所居官の三あり

除名は分限剝奪なり官位勳位共に除かるゝものにして處刑の第七年に至り或は官位を與へらるゝとあり

免官は現任の官職位勳を除かるゝものにして三年の後或は先任に二等を降して敍せらるゝものなり

免所居官は現在の官職を除かるゝものにして一年の後一等を降して敍せらるゝものなり

又官當なるものは現在の勳位を下し以て罪を減するの法にして一品以下三位以上は一官、徒三年に當て五位以上は一官、徒二年に當て八位以上は一官、徒一年に當つ

身分により減等の法あり

議減、請減、贖、老幼收贖、老疾應侍、

前に列記せる六議に當る人即はち皇族、嘗て天皇に親近せる者、大賢、大能等の人は死罪を犯したるときは先つ天皇に奏して後請議し議定まり奏裁して之を決行す流罪以下に於ては各一等を減ず之を議減と云ふ

六議に當る者の祖父母、父母、伯叔父、姑兄弟、姉妹、妻子、姪、孫、及五位以上勳四等の者

は勅許を得て流罪以下は各一等を減す之を請減と云ふ

議請何れかに相當する者八位勳十二等若しくは議請に相當すべきもの丶父母妻子は流罪以下を犯したる時は既定の贖銅を納めて刑を免かるゝことを得以上三種の特典と雖ども八虐の罪を犯したるものは勿論其他犯罪の特に社會風敎に關するものは之を許さゞることあり

八虐に非ずして死罪を犯したる者の祖父母、父母老疾して家に二等親の成丁なき時は勅許を以て家に留まり之に侍せしむることあり之を老疾應侍と云ふ又七十歳以上十六歳以下及癈疾の者は贖を許し八十歳以上十歳以下及篤疾の者は反逆、殺人は上請して之を決し盜及傷人は贖を許し其他の罪は皆論することなし九十歳以上七歳以下は全く罪を問はす若し敎唆したる者あれは之を罪す再犯以上は重を加ふると自首は或は其罪を宥るし或は之を減するの法あり又緣座の刑あり即はち罪の種類により近親の者其罪に座するの法なり

(賊盜律)　凡謀反及大逆者皆斬、父子若家人資財田宅並沒官、年八十及篤疾者並免、祖孫兄弟皆配遠流、云々、

（仝上）　凡謀叛者絞（中畧）子中流（中略）父子配遠、流云々、

第四　赦

赦

赦免　赦免に常赦、大赦、非常赦の三種あり

常赦は八虐、故殺及特に律に於て常赦に免せさることを定めたるもの丶外は大辟（死罪）以下皆免せらるヽものあり

大赦は常赦に免せさる所を除き大辟以下八虐、故殺等皆赦免す

非常赦は大辟以下八虐、故殺、私鑄錢等常赦に免せざる者皆赦免す

第五　治罪

治罪

當時代の訴訟の手續は未だ至らさるもの甚だ多しと雖とも今左に一般を掲く

告訴の手續

告訴　人の罪を告訴し官司之を受理するに際しては極めて愼重の手續あり即はち三審を要するものにして左の如し

（獄令）　凡告言人罪非謀叛以上者皆令三審應受辭牒、官司並具曉示、虛得反坐之狀、每審皆別日受辭、官人於審得署記審訖然後推斷、若事有切害者不在此例、殺人、賊盜、逃亡若くは良人を强姧する等急速を要するもの丶外は皆右の如く日

を別にして三度之を訴へしむ初告の日は書を以てし後の二審は口頭を以てす而して事誣告にかゝるものは三審の間に誣告者自訴すれは其罪を問はず以上の罪を告訴するは左の手續による

（獄令）　凡告密人、皆經當處長官告、長官有事經次官告、若長官次官俱有密者任經比界論告、

逮捕　盗賊、殺人等の犯人を逮捕するの手續左の如し

（捕亡令）　凡有盜賊及被傷殺者、即告隨近官司坊里、聞告之處率隨近兵及夫、從發處尋蹤登共追捕、若轉入比界須共比界追捕、若更入他界與所部官司對量蹤跡附訖、然後聽比界者還其本發之所、使人須待蹤窮其縱緒盡處、官司精加推討、若賊在甲界而傷盜乙界、及屍在兩界之上者、兩界官司對共追捕、如不獲狀驗者不得即加徵拷、

謀叛以上の犯罪の告訴ある時は之を逮捕すること左の如し

受告官司准法示語確言有實即禁身據狀檢校、若須掩捕者即掩捕、應與餘國相知者、所在國司准狀收掩、事當謀叛以上雖檢校仍馳驛奏聞、損斥乘輿及妖言惑衆者、

檢校訖總奏、承告掩捕者若無別狀不須別奏」
（捕亡令） 凡追捕罪人所發人兵皆隨事斟酌、使多少堪濟、其當界有軍團即與相知隨即討撲、若力不能制者即告比國比郡、得告之處審知事實、先須發兵相知除翦、仍馳驛申奏、若其遲緩逗留不赴機急致使賊得逃亡及追討不獲者、當處錄狀奏聞、其得賊不得賊國郡軍團皆附考、
又四人、征人、防人、衞士、仕丁、流移等の逃亡せるものは隨近の官司に申牒し其者の家居、所屬及比國比郡に告け鄉里隣保によりて追捕せしむるものとす

第二編　鎌倉時代

第一章　職制

第一節　中央職員

征夷大將軍　幕府を統率し天下の政を總裁す
執權　執權は將軍を補佐し諸職員を率ゐ政務を統轄するの職なれども賴朝

「將軍を補佐し」の文字は賴朝薨して後は空文となれり

此條氏の宗は執權ー政所別當ー侍所別當の三職を兼ぬ

政所

薨して北條氏此職を專有してより幕府の實權全く執權に歸し將軍は只空名を擁するに過ぎざるに至れり

執權は鎌倉幕府草創の時大江廣元政所別當として庶政を統領し稱して執權と云ひたるに始まり建仁三年將軍賴家職を弟實朝に讓りし時外祖北條時政政所別當となり此職に任したるに及ひ茲に其數一人を增し爾來北條氏此職を世襲し政所及侍所の兩別當を兼ぬるに及び此職の權益强大となれり

吾妻鏡、太平記、將軍執權次第等の書には之を比するに朝廷の攝關、大臣を以てし或は理非決斷の職と云ひ或は判斷の職、後見の職、探題の職とも稱せり

連署　執權に副たるもの之を連署と云ふ其職掌は執權と同しく共に幕府の下文に其署判を爲すが故に此稱あり或は連判、合判、加判とも云ひ或は執權と合せて兩執權、兩後見、兩探題とも云へり連署も亦北條氏の世職となり大抵後に執權たるべきものを以て之に任せり

以上二職を以て幕府の總裁職及副總裁職となし其下に屬する職司略次の如し

政所

庶政を總裁し兼て財務を司る所を政所と云ひ其長を別當と云ふ別當、執權とは一にして二、二にして一なると前記する所の如し其下に令、案主、知家事、執事、寄人等の職ありて之を補佐す

執事は政所中の要職にして主として財政を司とり又政務に參す寄人は政務を分掌するの職にして其人員も數多あり

政所は始め公文所と稱し建久二年政所と改めたるものにして常時は前記の職員を以て庶務を施行し事の較重大なるものあれば執權(即ち政所別當)連署、政所執事、及次に記さんとする評定衆、寄合衆、侍所別當(後執權之を兼ぬ)等の諸職相會議し各自其說を吐露したる後執權、連署等の重臣にて之を決するものなり

左に掲ぐるは臨時若くは常時政所に列する職名なり

評定衆　政所に列して政事を議し或は其吏務を助くるものにして其人員十五六人以内にして北條氏の族人大江、三善等の文臣、三浦、千葉等の武臣の名家を以て之に任す此中政所執事、問注所執事、引付頭人等の諸職を兼職する者の他は之を式評定衆と稱し常時は必ずしも政所に出仕せず或は式日或は有事の日に

問注所

のみ出席するものとす

寄合衆　執權、評定衆と共に政所に政事を議するの職にして只重要の事ある時にのみ出席す北條氏の中老成の人を以て之に任ず人員は定數なし

引付衆　評定衆の補助にして其分掌する處は訴訟の聽斷にあり時としては吏務をも助くるとあり北條氏より任命せる引付頭人之を統率し人員は定數なく各次順番其職務を行ふ建長の頃三番あり由て三方引付と稱せしが後五番八番等となれり此下に引付、右筆等の職あり政所寄人之を兼ね文案の記錄を司る

問注所

政所の別廳にして政所の庶務の中にて訴訟の事を以て專務となす訴訟中或は其種類により賦別奉行或は引付衆をして裁斷せしむるとあれとも貸借、領地諍論、財物の盜難等の裁斷は必す問注所に於てするものとす

問注所の長を執事と云ひ評定衆にて之を兼ね大抵三善氏之に任し事故あれは執事代を置き其職を攝せしむることあり執事の下にあるを問注所寄人（或は問注所衆若くは問注所公人と稱す）訴訟人の言辭を記ずるの外廳內の雜務を司る

侍所

奉行人

侍所

侍所は將士（所謂御家人）の進退、非違の檢察、罪人の決罰及宿衞扈從の人撰をなし戰時には機務に參するを以て武家職員中最勢力あるものとす長を侍所別當と云ふ始め和田義盛之に任し梶原景時其後を襲きしが梶原、和田兩氏滅びて北條氏の世襲職となれり別當の次位にありて其職を補佐するものを侍所所司と云ふ其人員始一人なりしが後四人となり事務を分掌せり其後小侍所の置かるゝに及び又た一人となれり

侍所開闔は引付衆の兼ぬる所にして簿書の記錄文案の檢査を司り侍所右筆は文筆を專務とし小舍人は驅使に任ず皆別當、所司の指揮に從ふものとす

小侍所　北條氏侍所別當を兼ぬるに及び事務の繁雜に堪えず由て別に小侍所を置き別當、所司を定め以て諸士の宿衞、扈從、弓始、射手の撰定等を掌らしむ

諸奉行人

行政、司法、軍務に關する大本は政所、問注所、侍所の三廳を以て之を統ぶれども一般政務の施行には別に奉行人なるものを置き命令を奉行せしめたり奉行人は

一に之を御物沙汰衆と稱す則ち次の如し

恩澤奉行　一に勳功奉行と云ひ論功行賞の事を掌る評定衆中より之を攝す

安堵奉行　將士及寺社の襲封、舊邑の復給、及采邑に關する訴訟の收受等を掌る評定衆中より之を攝す

賦別奉行　一に賦奉行と云ひ吏民の訴訟を受け之を各其管轄所に分賦す

越訴奉行　裁判の遲滯、偏頗、寃枉あるのとき其直訴を受くるの職とす

評定奉行　評定衆の座次進退禮儀等を掌る評定衆中の長者を以て任す

京下奉行　故小中村清矩氏曰く職掌詳かならざれども京都の官人訴訟により下向せるか又は鎌倉より呼下したる類の訴論を處分する所なるべし云々

官途奉行　幕府御家人の位階選敍の事を承り沙汰する職なり

御所奉行　營中の雜事將軍の寺社參詣の隨行儀仗等を掌る

御出奉行　將軍出御の雜事を司る

宿次過所奉行　驛路往還及過所(關所の切手)を司る

廐奉行　廐の事を司る

國奉行　一に雑人奉行、雑務奉行と云ふ鎌倉に居りて諸國の雑訴犯過を處分す

保檢斷奉行
地奉行　一は諸保を巡邏して非違を檢し一は道路、屋舍、商買のことを掌り兩者を合して保々の奉行と云ひ相助けて其事を行へり

藍作手奉行　藍の耕種を掌る

倉奉行　諸國貢する所の錢穀を司る

納殿奉行　衣服什器を納むる納殿を掌る

中持奉行　將軍出御の時御物を納むる唐櫃を主宰す

進物奉行　贈物奉行　進獻贈遺のことを掌る進物は同等以上則はち親王、大臣以上を云ひ贈物は同等以下を云ふ

寺社奉行　社寺に關する營造修繕及訴訟等一切のことを司る

御祈奉行　水旱疾病妖災の時祈禱の事を掌る職にして臨時のものなり

法會奉行　幕府に關したる法會に關することを司る臨時の職とす

作事奉行　殿舍、寺社等の土木に關することを司る

御弓始奉行　毎年正月の弓始め其地笠懸、犬追物等の典禮其他を掌る

埦飯奉行　毎年正月元三及七日、十五日等に北條、千葉以下の老臣名家より將軍に埦飯を獻するの恒例あり此の典禮を司る職とす

貢馬奉行　幕府より朝廷に進獻する馬疋のことを司る

旬御鞠奉行　毎月三次將軍家を始めとして公家、武家の蹴鞠興行あり其典禮を司る

相撲奉行　幕府にて相撲の仗ある時之を掌る職にして臨時のものとす

御元服奉行　將軍元服のことを司る評定、引付兩衆中より臨時に任命す

御拜賀奉行　將軍任官拜賀の隨身等のことを掌る臨時の職なり

御產所奉行　將軍御臺所御產の間の諸事を司る臨時の職なり

嫁娶奉行　將軍家の婚儀を司る臨時の職なり

以上の諸奉行は之を定めたる時は各同しからす或は實早く存して名の遲きあり或は名早く定まりて其實の早く失はれたるもあれど概するに鎌倉時代中の職名なれば皆之を揭ぐることとなせり

番衆

將軍の顧問、守衞及幕府の爲めに上番するもの次の如し

學問所番　將軍に昵近する者の中弓馬の故實及和漢の故事に通する者十八人を選び三番に分ち互番上直し將軍の顧問に備ふ

近習番　將軍の昵近、侍候の爲めに十八人を選び六番に分ちて上直す

大番　遠江以東十五國の將士をして十二月を限り分番入衞せしめ柳營を衞らしむ

格子番　一に御格子上下役と云ひ七十二人を六番に分ち格子の開閉を司らしむ日出を以て格子を開き秉燭を以て閉つ

問見參結番　三人又は四人を一番とし六番あり參候の人員を點檢せしむ

廂番　十人を一番とし六番ありて宿直侍衞に供す

早晝番　文武諸藝に通する壯士十三人を一番とし六番あり營中に上直せしむ

第二節　在京職員

一　承久以前

壽永年間平氏及源義仲の相次て亡びてより文治元年までは源賴朝の弟義經京師畿內の警衛に任し仝年北條時政之に代り翌年藤原能保又之に代り京師守護の任に當れり此中義經、時政は文武共に兼ね京都の施政にも任ぜしが能保の時其武人の器に非ざるより別に關東御家人を在京せしめ京師近畿の警衛に任し守護は裁判民政及京、鎌倉間の事務を司れり爾來承久の後までは在京職員も別に更るとなく守護と洛中警衞とにて京の文武百般のとを司り兼て京師に近き各國守護をして共に近畿の守衞に任ぜしめたり

二　承久後

承久三年京、鎌倉の間に爭亂あり鎌倉の勝利に歸してより在京職員の制大に改まり且つ頗ぶる整頓せること次の如し

六波羅探題　一に六波羅奉行又六波羅管領と稱す承久亂後北條泰時、仝時房六波羅の北亭、南亭に駐在したるに始まり其職とする所は京師及畿內は勿論更に關西諸國の政を統へ兼ねて三河、伊勢、志摩、尾張、美濃、加賀諸國を管して文武の權を握り權威極めて大なり蓋し此職は一には朝廷を抑へ奉り一には關以西を

六波羅探題

控ゆるとなれは其人物門地共に撰はざるべからざるを以て常に北條一家の中才幹の者を以て之に任ぜり探題の名は元來僧侶の課試に任するものゝ職名にして武家中にて政務を裁決すると彼探題の課試を判斷するに似たるより自ら其稱の移れるなりと云へり

探題は大小共文武の政を統ふれと事の重大なるものは常に鎌倉の指揮命令を仰けり

探題は鎌倉の執權に相當する職にして其下に種々の職司あると又鎌倉と相似たり則はち次の如し

六波羅評定衆　探題を輔けて庶政を攝行す後藤、龜谷兩氏之を世襲す

六波羅引付頭　引付衆の頭人にして諸奉行を指揮し更に訴訟を聽斷す

六波羅奉行人　引付衆之を兼ね又は寄人及問注所の人々之に補す

六波羅問注所執事　評定衆之を兼ね訴訟を司る

六波羅侍所々司　非違を檢察し不虞を警戒し罪人を決罰す其屬僚に檢斷二人あり所司は平時は巡察鞠訊及決罰等を司り戰時には在京兵士の軍奉行たり

在京武士

大番　諸國の武士更番在京して禁闕の警衞及洛中の巡撫を司るものにして其中勢威あるものを頭人とす初め在番年限三年なりしを後六ヶ月とし寶字年中更に改めて三ヶ月とし總數二十二番あり

篝屋守護人　北條泰時執權たるの時京洛警衞の爲め街衢四十八ヶ所に番屋を設け在京の武士を分ちて各一ヶ所を預り篝火を燃して夜中の警備を爲さしむ

地方職員

第三節　地方職員

鎭西奉行　一に鎭西守護と云ふ九州の政務を司るの要職なり源範賴、土肥實平の九國を鎭せしに始まり天野遠景に至りて奉行の名あり後少貳大友二氏奉行守護の職を世襲せしが探題を置かるゝに及び其權之に歸し職名も亦廢せらる

九州探題　元寇に備へんが爲めに建治元年北條實政の任せられしに始まり北條氏世襲の職にして九州二島を管し兼て訴訟、土貢、及外交のとを掌り筑前博多を以て其府とす

鎭西評定衆　引付衆　探題の政務を輔く

鎭西警護番　元寇の時關東の士人を派し九州の要所を守らしめたるに始まり後筑前箱崎に陣營を設け其他沿海要所に番所を置き地方士人をして大番を発し此所に結番警備せしむ

長門探題　北條氏の世襲職にして元寇の時より始まり中國を管し更に訴訟貢獻、外交の事を司る

長門警備番　山陽、南海御家人を以て之に任す

奧州總奉行　賴朝藤原泰衡を滅ぼし葛西清重を奧州總奉行としたるに始まり後伊澤家景を加へ兩家世襲して奧州を管せり

蝦夷管領　一に蝦夷代官と云ふ奧羽の北部及渡島（北海道）の蝦夷を鎭するの職にして津輕に居る義時の時安藤五郎を以てこれに任せしに始まる

守護

守護の職は初め惣追捕使と云へり追捕使は押領使と同しく王朝の頃凶賊の追捕處罰の爲めに置かれたる職なり故に武家名目抄に左の如く記せり

もとは大方追捕使とのみ云ひて惣字はいはざりしなりされば一郡一庄に限

れる押領使、追捕使もあり又は一社一寺に限れるなどもありて紛らはしかりければ一國を統ぶるをば惣追捕使と稱する事も出來しなるべし

頼朝既に武、家の棟梁として鎌倉に雄視すと雖も大小名以下の武士國郡に住居して各跳梁を極め之を坐らにして統治せんことは到底得べからざる事なれば元暦元年梶原景時、土肥實平二人をして播、作、三備の五ヶ國を守護せしめたるの例に倣ひ大江廣元の議を容れ文治元年十一月北條時政をして諸國國衙に守護を置き莊園に地頭を配し其所有主の權門たると勢家たるとを問はず毎段五升の兵粮米を出さしめ以て反逆に備へんとを乞はしむ翌二年三月勅許あり則はち自れの家人を以て惣追捕使の職に任せり事は東鏡に審なり

（武家名目抄）此惣追捕使は皆御家人の所職にして右大將家自ら其職に居られしにはあらずされど常の諺には鎌倉殿を日本國の惣追捕使と稱せし事もありければ後には將軍自ら其職に居られしとと思ひ誤りしかば等持院殿も諸國惣追捕使たらんとを望まれ足利直冬も其職に補せらるゝなどやうの事も出來しなるべし

惣追捕使は頼朝の職名に非ず

又同書によるに守護の任命は一には勳功の者を以てし一には從來の追捕使、押領使、檢非違使にして御家人に列したりし者を以てせられたるなりと云ふ而して其何れにあるにも關らず賴朝の家人たるは共に同しければ鎌倉將軍の權力は是より十分に國郡の間に振ふを得たりしなり

後惣追捕使の名を改めて守護と稱せしが其職とする所は左の如し

一、諸國守護人奉行事（貞永式目）

右右大將家御時所被定置者、大番催促、謀叛、殺害人附夜討強盜山賊海賊等事也（下略）

則はち大番の催促、謀叛以下兇賊の追捕決罰を司るものにして有事の日には國中の地頭、御家人を催し之を率ゐて事に從ふものなり而して設置の始めに於ては世襲の職にあらざりしかど後時を經るに從ひ漸く子孫相受くるに至り其勢次第に盛にして北條氏の末葉には國內大小の事一に守護に決するに至れり

守護代　一に守護代官　守護の在鎌倉の間若しくは守護事故あり事を見る能はざるの時其族人若くは郎黨の之れに代りて職務を行ふものを云ふ

守護使は守護の命を帶ひ國內田畑の檢閱租稅の督促等を司るものとす

地頭

地頭の名稱は其始詳かならざれども鎌倉以前より私に行はれたる職名なり而して其莊園と關係あることは明かにして武家名目抄にも

按地頭職を設けしは起源何れの世にあるを詳にせざれども思ふに諸國の莊園年々に倍增し私領の土地多くなりしより已後の事にて其領主の家々より私にこの職を設け置きて年貢收納の沙汰をなさしめしに始まりしならんこれは藤原氏獨り國政を掌握せし後の事にして一條、三條兩帝の際に起りしなるべしもと領家の私に置けるものなる故に其職を地頭とのみ云はずして領家代、公文下司、目代などゝも稱へしなり

と記せり斯の如く鎌倉以前には莊園所有者の私に委任したる職名なりしが文治二年に至り源賴朝勅許を得て公けに己れの家人を以て全國一般公私の地に配置せり其職とする所は公私共に地一段より兵粮米五升を徵收するを常務とし兼ねて京都、鎌倉の大番を勤仕し事あるの時には守護の催促に應し總領地頭の下に立ちて軍役を務むるにあり

総領地頭

地頭の中別に總領地頭又は惣地頭と名くるものあり元來藤原氏の頃莊園を多く所有せる者は各莊に地頭を置き別に此が統領を置きて惣領地頭と云ひたりしが文治年間全國に地頭を置くに際しても猶舊に依りて其名を存したるなり而して始めは必ずしも同姓ならざる者を以てこれに任せしが後には一家の嫡流たるもの其支流の領地を統領して惣領地頭と稱するに至れり

地頭代　一に眼代と云ふ地頭の代官にして其地に在住し常に地頭の職を助け地頭不在の時は其代をなすものなり

諸使

實檢使　地疆爭論若くは其他の事件により幕府より實地調査をなさしめんが爲めに派遣する臨時職なり

巡檢使　米麥の豐凶民間の苦樂等を巡檢する臨時職なり

內檢使　年の豐凶を內檢するの使なり

檢注使　田地を檢勘し町段の數丈を定むる職なり

檢見使　實檢使と同しくして其位次の下れる者なり

國領多く守護の手に歸す

第二章　土地の制度

第一節　土地の種類

王政衰へてより莊園次第に國郡に增加し班田の制の如き全く頹廢して土地の制は其面目を悉く一新せり今鎌倉時代に存したる土地の種類を擧ぐれば略次の如し

一、國領　國領は國司の領する所にして國司の廳を國衙と稱するを以て國領を一に又國衙とも呼びたり莊園の增加するに從ひ國領も從て減少したりしが北條時代の初めに當りては猶舊の如く國主を任命し國衙を開らきて國領內の政治財務を司らしめたりき然るに此時代の中葉以後は單に國衙の名を以て古制の遺意を存するに過ぎずして其實は國司全く其地を私有して租稅を私占し或は其地を以て寺院等に寄附したるのともありき而して是等の土地の所有者は必ずしも國守若くは其胤にあらずして或は介、掾、目等のものも多く又は各國の守護漸く勢を得るに至り國領の遂に守護の手に歸したるものも亦頗ふる多

かりき

後鳥羽天皇の頃に於ては猶左の如き院廳下文のありたるを見れば此頃には猶國司の微力ながらも其職掌を行ひたりしを知るべし

(東鏡)(文治元年八月十三日院廳下文)

右謀叛之輩追討之後、諸國諸庄任舊國司領家可知行之處、面々武士各々押領不能成敗之由、依有其聞(中畧)早停止旁濫妨、云國衙云庄園、如元可令委附國司領家(下畧)

又此頃九州、四國の國衙をして調庸を備へしめたるとは源平盛衰記に其證あり然るに久しからずして順德天皇建暦二年の宣旨には「諸國の吏恣に國領公田を以て神社、佛寺に寄進し永代免許の字を載す新司之を停めんと欲すれば即ち本所頻りに愁緒を結ぶの源となり之を充てんと欲すれば後代定て立錐の地を殘さゞらん吏途の法循良術を失ふ聖斷の煩ある職として斯に由る自今以後勅免を帶ひざるの地は永く其寄進を停止すべし」(玉蘂)のことあり以て國司漸く專恣ならんとせしを知るべし而して後には國衙は名ありて實なく天皇よりして

之を寺院等に寄せたるとあり東寶記に後醍醐帝の嘉暦元年勅して安藝國衙を東寺に寄附せられたることを記するもの則ち是なり

二、勅旨田　古制の猶殘れるものゝ一なれとも亦久しからずして其實を失ひ後遂に私有地となり隨意に之を賣買せり

三、公田　是亦古制の殘れるものなれとも其實は古と同しからず只一種の官有地たるに過ぎず之を保管するは則はち國司なるを以て種々の專橫を行ふものありしかば後鳥羽天皇は勅して其の兵粮米を公田莊園に課するを禁じ(玉海)順德天皇は諸國公田を社寺に寄するを禁せり(玉蘂)

四、功田　是亦古制により此時代の始めに行はれたれとも其後功を賞するに領地、恩地を與ふるに至り功田の文字は消滅せり

五、給田　地頭及公文職に給するの地にして新篇追加に地頭の給畠十一町にして段別に五升を加徴するの外違亂あるべからずと云々と記せり

六、名田　名田の始まりは何れの時代よりなるや今明ならざれとも早くは既に保安、天喜の時に見えたりき謂ふに名田は私人の荒蕪を開拓して私有したり

大名小名の名は前時代よりありたり

しものにして少額の租を納め賣買讓與等隨意なりしものなるべし田制通考には民の私に開闢し官の檢覈を受けざる者と云ひ東寺古文書には年貢半分沙汰と云ふを以て見れは必すや前陳の如きものなるべし而して名田の公許を得たるものなるとは八幡宇佐宮御神領記に建久八年筑後國宇治浦の名田半不輸の國裁を得て町別に米三石表絹三疋を國庫に辨濟したることあるにて知るべし而して此種の田を名田と云ふは其田の後に至りても開拓せし人の名を負ひ所有主變することあるも依然として其名を存するを以てなり

鎌倉時代には名田を多く有するものは之を大名と云ひ少しく有するものを小名と云へり

（顯廣王記）佐殿は庭上に下り向給て上人の馬の口を取り給ふ只今父下野守殿の入給と思ひ給けるにや涙を流して左の袖をひらきてぞ義朝の首をは請取給ける正清か首をは娘そ是を請取ける哀そ何もとりどり也大名小名皆庭上に下り居つゝ各袖を絞けり

（百練抄卷十四）曆仁元年二月十七日癸巳、關東將軍上洛（中略）修理大夫時房朝

臣已下、可然之大名一人不漏參洛(下略)

七、散田　百姓の荒蕪又は川邊等常税外の地に耕種し輕税を納むるものにして名田と類に於て異るなく只名を負ふ程に大ならざるのみ建内記には浮免と云へるも亦散田なることを記せり

八、間田　名田と相似たるものにして私墾、私有若くは衆人共有のものなり只名田と同しからざるは租を輸せざるの一事なり

九、免田　免田、免除地等と云ひ武士の社寺に寄進したる地にして租税を免除せらるゝものなり猶古制の不輸租田の如し

(東鑑)治承五年(養和元年)十月六日　以走陽山住侶禪齋補鶴岡供僧幷大般若經衆、給免田二町在鶴岡西谷御下文、云々、

十、御料地　禁裡、仙洞、親王家等の用度を徴する莊邑を云ふ

十一、莊園　莊園とは人民の私有地にして租を輸することなきものなり凡そ王朝の制田地の所有は是を人民に許さゝるを以て原則とせしが猶賜田及墾田の如き多少此原則に悖りたるものあり年を經て朝綱の弛むに當り此種のものの

よりして漸くに土地國有主義に破綻を生し遂に中古の終りに至り莊園所在に蔓延するに至れり而して莊園の起源は大凡左の三種とす

起源其一

其一、私墾田　前田制の部に出づ

其二

其二、賜田　仝上

其三

其三、寄附　人民租を免れんか爲めに寄進と稱して田地の所有權を權家、寺社に移すもの、寺社にて人民より寄進の名に托して田地を買得し或は奪掠するもの、國司の人民より買得するもの等なり

右の如くにして次第に數を增したりし莊園は縱令實際には甚た盛に行はれしとも朝廷にては未た之を公認せざりしが延喜二年の格に於て此年以前の莊園を公認し以後新に之を立つるを禁せり而して、當時莊園の數は既に甚た多かりしが以後も此禁止に關せず却て愈增加し啻に勢家、社寺と云はず天皇も莊園を

天皇以下皆莊園あり

置き攝關、大臣も莊園を設け武士、豪族亦之を有し北面、下臈亦是を事とし天永の頃關白忠實は上野國に莊園五千町を有し平治役後平氏一門の莊園五百餘所にして全國の半以上にありしと云ふ而して是等莊園を治むる職名は次の如し

莊園を領有するものを領家(公卿領の場合)若しくは領主(武家領の場合)或は本所等と稱し其下にありて莊園を治むる者を莊長、莊領若くは莊司と云ふ而して若し郡司にして此職を兼ぬる時は特に大庄司と云ひ宣旨を以て莊務を統るを總官と云ふ

鎌倉以前の莊園の制は略右の如きものなりしが開府以後は地頭職を置きて之を治めしめ鎌倉家人を以て之に補したることは職制の部に審なり

十二、領地　或は所領と云ひ或は知行と云へり所領とは管領するの所を意味し知行とは其地の事務を知り行ふの義なり功の大小に隨ひ將軍より其賞として與へられ世々に之を傳へたり

(東鑑)(治承四年十一月八日)　被收公秀義領所、常陸國奥七郡並太田糟田酒出等所々、被充行軍士之勳功賞、云々、

領地は幕府に對し有功の者を賞する者なれば甚た之を尊重し大罪あるに非れば沒收することなく讓與、相續等は甚た愼重を要したり

(東鑑)　元久三年(建永元年)　正月廿七日、故將軍御時拜領地者、不犯大罪者不可

召放之由、被定之、行村爲奉行、云々、

神領の保護

十三、神領　古の神田にして神社の祭祀營繕及神職の資用に給する地を云ひ租税を輸することなし王政の末武人到る所に蹂躙し神領を掠むること多かりしが此時代には賴朝を始めとし皆崇神の念厚かりしにより毎々神領の增加及保護の事あり

（東鑑）壽永三年（元曆元年）二月（上畧）一諸社事我朝者神國也、往古神領無相違其外今度始又各被新加歟（中略）條々事言上如件、　源賴朝

寺地の增加

十四、寺領　古の寺田にして堂塔の營繕佛事の供用及僧尼の資用に供する無稅の田地なり王政以來貴賤の信佛厚きにより皆爭つて其園宅を寺院に寄進し寺院も亦熱心に其莊園を增加せしかば寺領次第に膨大し殊に源平時代與福延曆二寺の如きは莊園、國郡を豪腴を盡し多く兵を養ひ其勢最も盛なりき賴朝以來將軍、執權以下又皆多く佛に歸依し寺領を喜捨すると甚多かりき

（東鑑）文治五年九月十一日平泉內寺々住侶（中畧）參上仍寺領事淸衡之時、募置勅願圓滿御祈禱料所之上、向後亦不可有相違之由、賜御下文、寺領者縱雖爲荒

廢之地、不可致地頭等妨之旨、被載之、云々、

十五、恩地　將軍若くは諸家其臣隷に賞與するの地にして沙汰未練書に代々の奉仕によりて賜ふ所とあり賣買等は所領と同しく許されざるものなり(東鑑)　仁治二年五月廿三日、肥後國御家人大町次郎通信、與多々良次郎通定相論、當國大町庄地頭職事、以御恩地不可賣買之由、治定訖(下略)

十六、封戶　古制の僅に殘れるものにして定長卿記に建久元年四月廿二日母儀准后藤原朝臣を七條院と號し本封の外別に封五百戶を給するとあり都玉抄に建仁二年正月母儀准后を承明門院と號し封五百戶を副奉することとあり又式目に封あるの社は云々とあり總て皇族社寺の外見ること稀なり

十七、宅地　此時代より村落の宅地は陸田に準して課稅し都市の宅地には地子を課せり幕府職員に保奉行ありて宅地の事を掌れり宅地は舊の如く讓與、賣買共に隨意なるものとす

十八、質地及賣買地

十九、隱地　田地を隱蔽し租を貢せざるものにして源平擾亂後天下の事多き

を俸して所在に多かりき

二十、闕所　官地若くは收公地と云ひ罪科により幕府に沒したる地なり

(註)(東鑑) 元暦二年(文治元年)六月十三日、所被分宛于廷尉之平家沒官領二十四箇所、悉以被改之、因幡前司廣元、筑後守俊兼等奉行之、

土地の測定

第二節　土地の測定

鎌倉時代には諸事多くは前代と異りたれとも土地丈量に於ては舊の儘にして別に變易することとなし故を以て庶民源平爭衡の間に其私利を營み廣を以て狹となし肥を以て瘠となし幾何の租稅を私したりしもの此時代に至りても其儘なるもの多かりき

町段步の外大半小の單位あり

丈量の單位も亦舊制を用ゐて變易する所なく六尺を步、三百六十步を一段、十段を町となせり只此頃より行はれたるは大半小の稱號なり

(嚴島社文書)(寛元四年二月安藝國三角野村注進)

一町三段大內不二段六十步定田一町一段半なり九段小內十二坪に四段三百步十七坪に四段なり七段大內廿二坪に四段廿四坪に三段六十坪なり

文治年中田文を作る

右の大半小なる單位は公に定めたるものに非ずして庶民先づ便宜の爲めに之を用ひしが後殆んど一般に用ひらるゝに至りたる者にして段の三分の二を大と云ひ三分の一を小と云ひたるものにして左の如し

大　三分の二段　即　二百四十歩
半　二分の一段　即　百八十歩
小　三分の一段　即　百二十歩

第三節　田文　田劵

田文とは即はち前代の田籍にして田地の丈量疆界を記したる帳簿即はち後世の水帳是なり賴朝開府の後文治中出羽、陸奥の田文を作らしめ正治年間諸國の田文を算勘せしことあり後貞應年間に全國の大田文を作り其の他一國若しくは數國の田文を檢することと其後屢なり其内常陸作田總勘文、豐後國圖田帳、但馬國大田文等は今現に傳はれり

此時代は土地悉く私有なれば中にも莊園、名田の如きは賣買、讓與共に隨意にして中古の如く此が手續も國衙の判を求むるを要せず只私劵を作り其田地に附

きたる古來の公驗、相傳の處分狀を俱して以て賣買し保證は有無一定せず只賣渡人の處分狀を以て主なる證契とせり

第四節　貫高

田地の廣狹と肥瘠とを併せ稱するに中古は其收納の高により代を以てせしが此時代より別に貫高を以てせり

太平記卷三十五、相模守夙に歸近國大莊八箇所自筆に補任を書て青砥左衛門にそ給ひたりける青砥左衛門補任を啓き見て大に驚て今何事そ三萬貫に及ふ大莊を給り候やらんと問奉けれは云々

北條系圖相模入道高時の下 領地二十八萬七千貫

今貫高と段別及石高の比較につき田制篇に左の如く記せり

（田制篇卷七）　鎌倉幕府以來所領の田數を計ふるに町段を以てせず貫高を以て稱せり此頃の田地の收納は米納を以てせず價錢を以て之を納めしむ之を分錢と云ひて幾町幾段の分錢幾十貫文と定め定免にして之を收るなり即ち收納錢の貫數にて青砥藤綱に給したる莊園三貫文（中略）の類なり此收納錢高

作物の豐凶米價の高低に因り實際に於ては每歲多少の損益あるべしと云へども其大概によりて幾貫の田地幾貫の所領と稱せしなり加之時世の變遷土地の遠近に關しても自不同あるとなれば幾貫の所領は幾町幾段の田地にて近世の幾石に當ると云ふとは定め難きなり町段の數に分錢高を記したる書類を參考するに一貫文畠地一段半に當るあり田地二段に當るあり三段小に當るあり四段半に當るあり五段又五段半に當るあり田畠平均五段小に當るあり畠地一町に當るありて各地の收納錢高同しからず又貫高を以て石高に引合せたる諸說を參考するに一貫文五斗に當るあり一石、二石、二石五斗、二石七斗七升餘、四石、四石四斗餘、五石、五石五斗、十石、十五石餘、二十石或は百石等に當るあり又永樂錢百貫を畿內近國は千石に充て遠國は八百石、七百石、六百石、五百石に充てたる所もあり是運送の便不便、土地の肥瘠米穀の美惡にもよるべし伊勢兩宮修造料永樂錢三千貫文は當時三萬石相當のよしこれ公法にて當時中國米價平均の相場なるべし之に準し其土地の遠近肥瘠によりて知行など充行ふなりと云ふ斯く諸說一樣ならざれば今上に擧けたる分錢一貫の段數を平均して五段とすれは一段の分錢は二百文なりさて田畠一段の石盛を十とすれば一段一石の收穫なり一石の米價を平均一貫文とし其內より分錢二百文を輸すとすれば二公八民の收税に當る(享保十八年酒井家書上寫に古來は田地一反の內二畝は領主へ收め八畝は百姓の作德に取るとあり即はち二公八民なり)即ち貫高一貫の田地は平均五段にして石高にすれば五石草高なり百貫は五百石、一萬貫は五萬石に當るべし然れとも時世の變遷、土地の肥瘠、收穫の豐凶、徵租の多寡、運送の便不便、穀價の高低に因りて差異少なからず故に一貫の高或は後世の一石に當り或は十石に當るもありしなるべし

第三章　租稅制度

租稅制度

中古の制　公田の租は臨時人に假して佃らしむるを以て其租口分田よりも多きを常とせしが莊園は其種類より云へば猶公田に類するものなるを以て是か租も亦隨て重く且つ調庸の廢れたるより賦租は一に田地の上にかゝるを以て田租は益偏重するの傾向あり保元、平治以後に於ては概ね六分乃至二分にし

田租は偏重の傾あり

て平均四分を以て常となせり此高率なる田租を以て財政の主なる收入となし加ふるに正税、地子、社寺税等種々の税ありて之を種々の方面に納附せり

第一節　田租

田には公に屬するもの即はち國郡の所屬地、私人に屬するもの即はち王臣、社寺、武家等の莊園及其他種々の種類あれとも就中最主要なるは莊園にして其租率は以て一般に波及し元來標準たりし國郡の地の如きも遂に亦之に習ふに至れり故に今莊園を主として田租の如何を記さんとす

此時代の租率は田品の高下によりて甚だ同しからず

貞應二年四月淡路國々領莊園地頭注進に賀茂鄕の租を云ふと次の如し

賀茂鄕の内六町二反廿歩(三斗代)　山田保の内二町(四斗代)

神代保の内二町八反三百五十歩(一斗五升代)

若狹國實檢太田文には次の如き文字あり

田五町四反三百歩内六斗四升八合代三反一石代一段百五十歩八斗代二町一段八十歩五斗代二町百四十歩六斗代八段二百九十歩合所當三十五石八斗一

升六合二勺餘(東寺文書)

又東大寺要錄に左の文書あり

(五郎權正等寄進狀)　弘安元年七月

東大寺佛餉田料所事

伊賀國名張郡新莊領の內　一田五反小　所當三石六斗

大和國法貴寺　一田一段　所當六斗

山城國大隅莊の內　田二段　所當七斗

大和國法花寺の前字櫻梅　田一段　所當三斗

伊賀國名張郡出作領の內　田一段　所當四斗五升　田大　所當四斗

田一段　所當五斗　田一段六十步　所當九斗

(今此段別の所當を計算するに、七斗七一、六斗七五、六斗、五斗、四斗、五升、四斗、三斗五升、三斗等の種類あり)

東寺百合古文書に載する文保二年六月東寺領丹波國大山莊年貢請文に百姓の稟請により上田一段七斗五升中田一段五斗七升下田一段四斗五升の斗代を定

むるのことあり今之を以て田の稏米に比すれは左の如き率を得べし

田地	稏米	租米	租率
上一段	一石五斗	七斗七升	〇、五
中一段	一石三斗	五斗七升	約〇、四四
下一段	一石一斗	四斗五升	〇、四

是を見るに當時代の租率は五分乃至四にして多きも六分に登るとは鮮かりしが如し

右は田より納むる所の租にして此外に文治年中に創まりたる兵粮米なるものあり是は源頼朝守護地頭を國衙、荘園に配置するに當り其費として國領、私領を問はず國内一般に課する段別五升を以てせり即はち兵粮米と田租とを加ふれば田租の率は左の如きものなるべし

田種	租率	兵粮率	合率
上一段	〇、五	〇、〇三三餘	〇、五三三餘
中一段	〇、四四	〇、〇三八	〇、四七八餘

地子は神寺領及市地に課せり

下　一段　〇、四　〇、〇四六　〇、四四六

第二節　地子

中古の制と其種を異にし此時代には神寺領若くは市地等に課したるものゝ如し壽永元年八月賴朝鶴岡の僧禪脩に麥畠の地子を免するとあり東寺百合古文書には康永元年六月東寺領請文に八條院々町所務の地子收納云々とあり以て知るべし而して其率太だ明ならざれども東大寺古文書文永八年のものに山城國東大寺燈油料水田一段は八斗代の地子なり云々とあり

第三節　神寺税

社寺各其領地を有し其穫る所を以て各自社寺の資とすれども或は其半或は其幾分を幕府に納むるものあり前の壽永元年僧禪脩の免地子の如き又吉田社文書に見ゆる建仁元年正月の運上絹に關する幕府の令の如き以て知るべきなり而して其多少と品種とは社寺各同じからざるものとす

第四節　雜税

山林、原野、河海、池沼等は中世其產物に調庸を賦せしが此時代には年貢と稱し定

種定額の物を年々に納めたり所謂小成物にして徳川時代には小物成と云へり

第四章　交通の制度

平安朝の半以後は他の制度の壞頽と共に驛遞の制度も全く廢弛し所在盜賊横行して海陸の交通極めて危險なりしが鎌倉時代に至り稍其取締に留意して危險の度は多少減じたることゝなれり

職司　鎌倉時代の始め道路、交信等の職司は別に定置のものなく只た御出奉行、路次奉行、御宿奉行、御物奉行等多くは將軍出御に際して任命する臨時の職なりしが建久六年に創置せる宿次過所奉行のみは是より永役の職となり鎌倉、六波羅の兩所にあり以て東西の驛路交通の事を司とれり

警衞　旅客及貨物運送の安全を保たんか爲めに奥羽より西國に至るの間主要なる往還には沿道諸國の守護人に命し路次夜行番衆を置き交番して道路を警固せしむ

交通　全國交通の中心を鎌倉とし京師之に次き相應じて東西の交通を掌り

特に京、鎌倉間は最要の往還なるを以て其途次の驛家、渡船を完備し驛間の距離大に過るものは新に驛を增置し各驛に早馬を備へ大宿八人、小宿二人の人夫を課し更に沿道の民家に課し五町別に官駄一匹、人夫二人段別に百文を徵し以て公武の交通に資せり

第五章　軍事制度

軍事制度

幕府は素武を以て立つものなれば上は將軍より下は一般の御家人に至るまで盡く武人にして故らに文武を別つの要なきが如きも既に天下の大政を統轄する上に於ては平時にありて專はら文事に從ふ者あると同しく又專ら武事を職とする者無き能はす將た戰時に於ても總員を擧て戰地に向ふべきにあらずして必ずや止まりて庶民を總べ万般の政をなすの人なかるべからざるなり故に武斷政府の中自から又軍事政度なるものありて存するなり

軍職

軍職

戰時平時を問はず元帥たる者は素より將軍にして之に副として專はら機務に

參畫する者は執權及連署とす

侍所別當は平時には御家人一般を進止し宿衞、扈從等を撰定監督し戰時には入りては將軍を輔けて軍機に參し出てゝは監軍の務に服するものにして軍事專務職中最樞要の職とす

小侍所近習番、格子番等常時將軍及幕府の宿衞を勤むるものは皆戰時に麾下に屬して軍務に服するものとす

地方にありては六波羅探題、同侍所所司、大內守護、大番篝屋守護人、鎭西奉行、九州探題、長門探題、奥州總奉行、蝦夷管領及諸國守護等皆軍職にして其配下の兵を帥ゐて軍に從ふ者なり

動員

天下事あれは將軍は總帥の軍事を總へ執權、連署、侍所別當及小數の耆老宿將帷幄に參して軍事の大本を把持し小侍所、近習番以下皆麾下にありて之を警衞し執權、連署、侍所別當、耆老宿將の郎黨皆兵を取りて之か外衞をなし其他の御家人則はち諸奉行人及鎌倉附近の諸守護等は各其郎黨を率ゐて鎌倉に來り會し侍

所別當の命を待ちて進退す斯くして若し將軍其馬を進むるとあれば是等の將士中鎌倉の警衞を命ぜられたるものを除き皆將軍に扈從して發向す其順序進退は一に侍所別當の令する所とす若し將軍軍に赴かずして別に臣下を撰びて派遣する時は老將及奉行人以下の諸職中從軍を命ぜられざるものは皆鎌倉に止まり其他は皆發向す而して其沿道の守護、地頭及其他の御家人は悉く從軍するものにして元帥の將軍たると否とを問はざるなり地方にありては六波羅探題以下皆其附近の御家人を統率することと中央に於ける將軍と異らず

第六章　司法制度

第一節　法律

法律に二種あり各効力の範圍を異にす

鎌倉時代には二種の法律あり一は前時代に定まりたる律令にして一は賴朝以來幕府に於て施行せる慣例法規則ち貞永式目及其後に追加せる諸條にして此二種の法律は各其効力の範圍を異にして同時に行はれたり即ち律令は朝廷

武家法律の範圍次第に廣し

の權力の及ぶ所に止まり人を以て云へは公家、國司以下朝廷より任命する官吏及ひ其配下の人民、地を以て云へは御料地、國郡及以上の人々の有する莊園寺社の領地是なり貞永式目以下幕府の規定する所は亦其權力の及ぶ所にして人に就て云へは守護、地頭及其他の將軍の御家人と其配下の人民土地に就て云へは是等の有する莊園、私領恩地なり故に貞永式目に之を規定して曰く

一、國司領家成敗不及關東御口入事

右國衙庄園神社佛寺、爲本所之進止於沙汰來者、今更不及御口入、若雖有申旨聊不能敍用焉(下略)

又武藏守泰時より式目制定に關し六波羅の駿河守時重に贈りたる消息中に關東の御家人守護所地頭には遍く披露して此心を得させられ候べく候なり且書寫して守護所へ面々配りて其國中の地頭御家人共に仰せ含められ候べく候云々

とあるにても此條例の御家人にのみ限りたるを知るべし

右の如く二種の法律は各其範圍を異にして同時に行はれたりと雖とも常時朝

式目の特質

廷の威漸く薄く武家の權は次第に其及ぼす所を擴けたるにより律令の行はるゝ區域は日に月に狹小となれり且つ律令は用意の周密と法文の美とは之あれど却て之か爲めに難解の弊少からずして當時文運の衰退せる時代にありては之を運用するは勿論章句の解釋すら容易の業にあらす況律令は法文の完美を期するに過き實際の人情風俗に合せざる點も多かりしは既に其制度の當時よりして明白なる事實にてありき斯くの如く律令の缺點多きに比し武家定むる所の式目は(一)用字簡略にして解し易く(二)條文の數多からざるが爲めに彼是を通覽し相互の連環する所を見るに易く(三)法理の上より論斷するよりも寧ろ先例と常識の判斷とに訴ふるとの多かりしこと(四)一條一項皆實際に合して制定し空理空文を列るなかりしこと(五)手續の簡略なりしこと等よりして世人多くは武家の政令を便とせしにより後には公家の間にも往々にして此式目を應用するに至り律令は漸く其施行の範圍を失へり

武家の法律には成文不成文の二あり不成文のものは賴朝以來の慣例を云ひ成文のものは貞永式目及其後に追加したる新編追加を云ふ而して貞永式目及新

編追加成りて後は大抵のこと是によりて決したれば鎌倉時代武家の法律は此二種なりと云ふて可なるべし

貞永式目の編纂

貞永式目は北條時房、泰時二人主として評定衆等と共に(一)賴朝時代の慣例(二)律令によりて專ら武人の習儀に適するを主とし兼ねて幕府の維持を目的として制定したるものにして總て五十一條あり之を御成敗式目と云ひ或は貞永元年に成りたるを以て世人是を貞永式目と云ふ

貞永式目は人民に公布せず

然れとも此法律は之を天下に公布したるに非ず只評定衆の起請の條々にして各私曲を避け公平に就かんが爲めに事を決するは此式目に由るべきを誓ひたるものなるは式目末尾の盟誓の文字を見て知るべし而して此法律は其謄寫を御家人、守護、地頭等に配付したるものにして制定者の意は蓋し民をして依らしむべきも議せしむべからずの敎によりたるものにして必ずしも之を人民に示すを要とせざりしなり爾來此事風となり室町、江戸共に法律を公布することなく只諸職司にのみ頒布するを常とせり

新編追加は正安時代に至るまでの判決例法令を以て貞永式目の缺を補ひたる

貞永式目は武家法律の基礎

ものにして總て三百六十一條あり

貞永式目新編追加の二法律は獨り北條時代のみならず室町幕府、江戸幕府共に之を則りたるものなれば此二法は武家法律の基礎と云ふべきものなり

左に貞永式目及新編追加の要點を略記せんとす

第二節　民事法

律令と同しく武家法律に於ても民事刑事の區別なし今全文の中より民事に關したる條項を摘出して一般を述べんとす

第一　人

(一)御家人　領所を有し又地頭、代官等に補せらるゝを得べく當時代の人として有らゆる能力を有するものなり只恣に官位を京師に望み又公家所領の代官たることは禁ずる所なり

令の規定にては父母在るの間子孫別籍異財を得ざりしかど式目にては之を認定せり

(二)僧侶　令の規定の如く園宅財物を貯へ若しくは興販出息を禁する等の制

物

債權法

賣買

限なしと雖とも地頭、代官たることは禁ぜられたり

(三) 凡下　庶民の謂にして領地の賣買を禁ぜらる

第二　物

地所　地所の中にて種々の區別あり左の如し

田地園地　御家人、凡下共に所有し得る處にして賣買讓與隨意なるものなり

私領　父祖以來若しくは他人より買得したる所領を云ひ賣買質入を得れども之を凡下に賣與し若しくは子孫を措きて他人に和與するを得ず

恩地　御恩所領にして幕府より賜與せられたる領地を云ふ質入するを得れども賣買するを得ず

奴婢　賣買質入するを得

第三　債權法

賣買

私領は賣買するを得れども恩地を賣買するとは禁ぜられたるは前文記する所の如し貞永式目に曰く

賣買所領事

右以相傳之私領、要用之時令沽却者定法也、而或依勳功或依勤勞、預別御恩之輩、恣令賣買之條所行之旨非無其科、自今以後慥可被停止也若又背制符令沽却者、云賣人云買人、共以可被處罪科矣

凡下の領地を買得するを禁じたるは延應二年の事にして新編追加に曰く

一、凡下輩不可賣買領地事

右以私領令沽却事爲定法之由、先度雖被書載自今以後者縱雖爲私領於賣渡、凡下之輩幷借上等者、任近例可被收公被所領(下署)

洛中及近國の家屋地所等の賣買は認可する所なり他國の事以て準すべし(新編追加)

賣買地の作毛は其賣買年度のものは賣主に返却すべきものにして質によりて買得したるものは買主の所有とす新編追加に曰く

一、賣買地事　永仁五年

可糺返作毛幷直錢之旨被裁許之處、不叙用之由訴申輩有之云々、於作毛者任先

下知狀可糺返之至直錢者、准負物不及沙汰、次一年作地事被裁許之分者、可被施行、次構僞質劵賣買地之米穀錢貨以下事者、買主可爲進退、

人身の賣買は王朝以來嚴禁せし處なれども爭亂の際禁制の弛むと共に士民の妻子眷屬を沽却するもの多かりしが此時代の始に於ては自から默許の如き狀態なりき然るに是に關する訴訟甚た多かりしかば正應元年令して爾後の人身賣買を禁し更に從前の賣買に關し規定すると左の如し

賣人質入條（新編追加）

一、人倫賣買事、禁制重之、而飢饉之比、沽却妻子眷屬助身命、或容置身於富德之家渡世路之間、就寬宥之儀自然無沙汰之處、近年甲乙人等面々訴訟有煩于成敗、所詮於寬喜以後延應元年四月以前事者、訴論人共以京都之輩者不能武士口入、至關東御家人與京都族相論事者、任被定置當家之旨可被下知、凡自今以後一向可被停止賣買之條、依仰執達如件、　正應元年五月一日

然れども此事猶滅絕せざりしにや其翌々正應三年に左の布令あり

一、可令禁制人賣事　正應三年

右稱人商專其業之輩多以在之、云々、可停止之違犯者、可捺火印於其面矣、

貞永式目に左の條文あり十年間訴訟なくして過ぎ去りたるものは時効により

起訴の權を失ふものとせり

一、奴婢雜人事

右任右大將家御時之例、無其沙汰過十箇年者、不論理非不及改沙汰、云々、

絹布類の賣買に關しては一定の寸尺を詐りて短裁狹織なるを賣與するを禁し

之を犯すものは罪科に處し且其物品を沒收す

一、可禁制絹布類短狹事(新編追加)

近年以來、絹布類狹織短裁、猥充疋段之間、併以寸法不足、商人等猛惡也、不可不誡、

自今以後、短狹物等不可賣買之、若猶背禁遏之法者、仰奉行人等殊被懲肅、可被沒

收其物、

材木の請賣は禁する所なり

一、材木請賣事(新編追加)

可停止之、

賣買は總て合意を必要とし押賣押買等は禁する所なり(新編追加)

一、河手事　一、津泊市津料事

一、沽酒事　一、押買事

右四箇條所禁制也云々　弘安七年六月三日

賣買の手續は大に簡單となり地所に於けるも職司を經由するを要せず只手券を作り田地に關する公驗と相傳の處分狀とを買主に附し以て所有權の移轉を了るものにして證人は買主の請求によりて之を定むるなり土地にして既に此の如く簡なれは其他のものに至りては以て推知すべきなり

見質及入質（出擧）

出擧

此時代の出擧には見質、入質の二法あり總て證券を質券と云ひ擔保品を質物と云へり

見質

見質　質物を債主に渡し幾何の金錢を借し或年月の後此金高を債主に返却し質物若しくは質券を取戻すの法にして債權務の關係存する間は債主は質物を隨意に使用し得るものにして其代として元金には利子を附することとなし

入質

領地質入の禁制

（新編追加）見質者不可取利分、可辨本物也、

入質　質物を渡たさず單に質券のみを與へて金錢を借り或年月の後元金に利子を付して返濟す若返濟し能はざる時は券面の物品を引渡すものなり

利及年限　世の不穩なるにより債主は或は非常の高利を附し或は重利の法を用て王臣等の困窮大なりしかば債權の王臣に關する者は總て律令に從べきとを令せしかど幕府の配下に關しては利率年限に關して別に規定する所なし」

領地　領地を以て質物となすものに關しては法令に屢更定あり幕府の初期に於ては之を默認せしがやがて之を禁ずるに至れり

一、以所領入質券令賣買事（新編追加）

右御家人等、以所領或入質券、或令賣買之條、佗傺之基歟、自今以後不論御恩私領、一向停止沽却、并入流之儀可令辨償本物也、云々、

然れとも文永七年に至り此禁令は破棄せられ所領の質入は公許せられ後又正安二年七月に至り左の令を以て再ひ之を禁したり

一、質券賣買地事

右以所領或入流質券、或令賣買之條、御家人等侘傺之基也、於向後者可從停止、至以前沽却之分者本主可令領掌但或成給御下文下知狀、或知行過廿箇年者、不論公私、今更不可有相違、若背制符有致濫妨之輩者、可被處罪科、次非御家人凡下之輩、質券買得地事、雖過年紀賣主可令知行、　正安二年七月四日

質券田地の作毛　質券の田地に於ける作毛は本主即はち田地の所有主にして強て種作する所ありとも其の未た辨濟せざる以前にある時は作毛は錢主即はち債權者の所有に歸し錢主種作する所ありとも辨濟の後に於ては作毛は本主の所有たるべし

人質（見質の一種）

人質　奴婢を以て質物となす是を人質と云ふ利の有無は證文の如何によれとも質入の間使役する所あるを以て一般に利を付せざるを常とす故に見質の一種と見るを得べし又質入中奴婢の生む所の男子の處分は主人の隨意なり又奴婢に非さる妻子眷族等を質入するの事は延應年中人身賣買を禁すると共に之を禁せしを以て見れは是以前には行はれたるなるべし

贓品　贓品を質とする者あるを以て之を取締らんが爲めに質物とする際に

は債務者の住所姓名を糺さしむ若し之を怠り他日事あらんには盗を以て債權者に擬することとせり

借物

借物

借物に關しては規定する所左の二ヶ條のみにして左して重要のことなし

借物幷預物事、難准負物、仍可有其沙汰、

借物事可有沙汰、但可加利分之由、書載證文者、不及沙汰、

和與

和與

子孫兄弟叔姪の親を擱き所領を他人に和與するは其恩地たると私領たるとを問はず甚謂なきことにして此間何らか奸謀なき能はずとして一たび之れを禁ぜしが文永七年に至りて此禁を解き更に文永九年を以て左の如く達せり

他人和與領事

以御恩之地和與他人之條、兩方同心之趣非無不審、所詮被尋究其由緒之時、或爲報累年之芳心、或爲謝當時之懇志、兼日契約之條無其隱者、不及子細、若親昵之儀無所據者、可被召和與地也、云々、

和與は後に於て悔返するを得ず只其證文に載するとあれば此限に非す

和與他人物可悔返否事

於相憑人之輩者、不可對論本主子孫之由、被載式目畢、此外和與他人之物、任法意不可悔返歟、是又就證文可有斟酌歟、

博奕

博奕

博奕は律以來禁ずる所にして武家も亦是が取締嚴なれども猶行はれたるものゝ如し式目追加を見るに近年遊蕩之輩博戲の處度數を限らず暗に宅財を以て勝負するの間喧嘩殊に甚しく興宴の思變して闘殺に及ぶ云々剰さへ田地を以て賭と爲す云々の文字あり其盛に武人庶民の間に行はれたると知るべし由て幕府は嚴重に之を禁止し後雙六に限り武士のみに之を許し武士以下には之を禁ぜり左れど物品を賭するとは許されざりき

保證

保證

債權の擔保として質のことは出擧の部に記せり保證は此時代に於ては人よりも却て證書に重きを置きたるものゝ如く證人の事は式目中多く見ず大抵證文

御下文下知狀を以て證とせり

時効

時効は此時代には既に認可し土地は二十ヶ年を以てし奴婢は十ヶ年とせり其他の財物は之に準して短きものなるべし

雖帶御下文不令知行經年序所領事（貞永式目）

右當知行之後過二十箇年者、任右大將家之例、不論理非不能改替、而申知行之由掠給御下文輩、雖帶彼狀不及敍用矣、

奴婢雜人事（貞永式目）

右任右大將家御時之例、無其沙汰過十箇年者、不論理非不及改沙汰、云々、

第三　家族法

一、一門と一家との關係

王朝時代にありては一戸は數家の集合にして戸と家とは財產の上に於ては關係なかりしかど權利の上に於ては戸の中の主と從とには自から多少の差異ありき此時代に至りては戸と家との關係は既に消滅したりしが別に一門（或は一

財産

族）と一家との關係を生ぜり一門とは右の戸と相似たるものにして同一血脈の集合躰を云ひて宗家之か長となり支家は或度までは之か從屬たるの姿ありて戰鬪の時は宗家は支家を帥ゐて之に從事せり而して制度の上に於ては公に是を區別せず宗と支とを問はず御家人は將軍の直參たることは同一なれども事實の上に於ては自から宗、支の上下ありて和田、の一門は其子弟親族皆義盛の指揮を仰き畠山の子弟親族は又重忠の命を聽けり故に幕府も亦多少是を公認し東鑑に左の文字あり

建久四年、一月廿日戊子、三浦介一族等皆義澄支配之由、依有其聞、早可令敍用之旨被仰下、云々、

二、祖父母、父母と子孫との財產上の關係

子孫の異財を許す

律令の制にては子孫は祖父母、父母在るの間別籍異財を得ざりしかど式目にては之を許し且つ父母、祖父母の所領を子孫外孫等に讓與し又女子にも與ふることを認可せり

同時合戰罪過父子名別事　（貞永式目）

女子所領を有するを得

右父者雖交京方其子候關東、子交京方其父候關東之輩、賞罰已異、科何混云々、

讓與所領於女子後依有不和儀其親悔返否事、

右男女之號雖異父母之恩惟同、爰法家之倫雖有申旨、女子則憑不悔返之文、不可憚不孝之罪業、父母亦察及敵對之論不可讓所領於女子歟、親子義絶之起也、既敎令違犯之基也、女子若有向背之儀者父母宜任進退之意、依之女子者爲全讓狀竭忠孝之節、父母者爲施撫育均慈愛之思者歟、

得讓狀後其子先于父母令死去跡事

右其子雖令見存至令悔返者有何妨哉、況子孫死去之後者只可任父祖之意也、

外孫に讓與せし者も大凡右の例に准し證文と事體とにより斟酌を加ふべきことを記せり

三、養子

養子

養子は幕府の公認する所にして寡婦にして子なきもの亦養子を許せり

女人養子事　（貞永式目）

右如法意者雖不許之右大將家御時以來至于當世、無其子之女人等讓與所領於

養子事、不易之法不可勝計、加之都鄙之先蹤惟多、評議之處尤足信用歟
養子の撰定に關しては別に規定する處なけれども令の定むる處は自から此時にも一般に行はれたりしなるべし就中多分血族中より撰ひたりしならんと思はるゝは左の條文によりて知るを得べし

依藝能被召仕輩所領事　（新編追加）

右或讓渡他人、或非器量之輩相傳之條、無其謂之由議定先畢、仍付器量可令相傳也、

我本業を捨てゝ他家の養子となり其家の藝能を衰へしむることは禁制せり

醫陰兩道輩、棄本道爲御家人養子知行御領事、道陵遲之基也、自今以後可停止之、

四、婚姻

結婚　離婚

結婚は年齢上の制限等既に消滅し一般の手續も極めて簡略となり主として合意を要したり故に女子を奪ふものゝ如きは之を罪科に處せり又御家人にして公卿と婚姻することは認可すれども財産上に於て多少の制限あり而して此時

婚姻

代には婚姻を以て和親の表章としたるなれば有力なる一族と他の有力なる一族との婚儀の如きは大に人の注目を引きたるなるべく定制なしと雖とも恐らく將軍、執權等の認可を要したりしなるべし

離婚に關しては何等の規定なし只兩者の意志にありたることとなるべし

夫婦の異財を認む

夫婦財産上の關係

令の規定にては夫婦の財産を分ちたれど婚姻の成立する間は夫にて之を管理處分し事實上同財たりしかど式目にては明かに之れを別にせり然れども是が管理は恐らくは猶ほ夫にありたるなるべし而して夫婦異財を公認するが故に夫罪あれば婦の財産は或は之に坐して沒收せらるゝことあり或は然らざるあり

依夫罪科妻女所領被沒收否事

右於謀叛、殺害幷山賊、海賊、夜討、强盜等重科者可懸夫咎也、但依當座口論若及刄傷、殺害者不可懸之、

夫婦異財を認むるが故に女子父の讓を受け他に嫁するの後も父若し其の所領

を回收するに意あらは夫婦は之を拒むを得ざるなり

御家人の女公卿と婚したるもの父の所領を讓られたる時は其所領に對する公事は猶之を夫に課すべく若し權威を恃み之を怠ることあらば所領を沒收せらるべし

關東御家人以月卿雲客爲聟君依讓所領公事足減少事（貞永式目）

右於所領者讓彼女子雖令各別、至公事者隨其分限可被省宛也親父存日縱成優恕之儀雖不宛課、逝去後者尤可令催勤、若募權威不勤仕者永可被辭退件所領歟、凡雖爲關東祗侯之女房敢勿泥殿中平均之公事、此上猶於令難澁不可知行所領矣、

夫より讓與せられたる財産の處分

妻其夫の所領を預け與へらるゝことあり其後離婚せらるゝことあれは其所領の處分は左の二法に依る

妻妾得夫讓被離別後領知彼所領否事（貞永式目）

右其妻依有重科於被棄捐者、縱雖有往日之契狀難知行前夫之所領、若又彼妻有功無過賞新棄舊者、所讓之所領不能悔還矣、

然れども妻妾前夫の譲を受け其後他に嫁することあれば其所領は没收せらるべきなり又妻妾御家人の女に非る時は奈何にすべきやは次の條例による

離別妻妾知行前夫所領事　（新編追加）

右有功無過之妻妾、離被離別前夫不能悔返所讓與所領之由、被載式目畢、而離別之後嫁于他夫猶知行彼所領之條、爲不儀、自今以後於嫁他夫者早可被召上所讓得所領也、次非御家人之輩女子並傀儡、白拍子及凡卑女等、誘取夫所領令知行者同可被召之、但爲後家有貞節者非制之限矣、

相續
嫡子相續を原則とし更に重を本主の意思に置く

五、相續

相續は嫡子相續を以て原則とすれども又重きを本主の意思に置きたり即はち遺言、證書其他の方法によりて本主の意思分明なるときは是に隨て遺産を分配し本主の意思明ならさるときは嫡子之を相續す而して本主の意によりて分配するの際に長子の配與なき時は今回定むる處の相續者の所得五分の一を與へ又些少たりとも長子に分配ある時は敢て問ふ所なし以て意思と嫡庶の分とに重を置きたるを知るべし

本主在世の時財產所領等を子女、外孫等に分與し或は分與するの後に之を取戾すことを得たることは前節父子財產上の關係に記する所の如し又父母所領を其子に讓り安堵の御下文を得て後之を取戾して他の子に與へんとする時は猶其意に任かせて處分せり

讓所領於子息給安堵御下文之後悔還所領讓與他子息事　（貞永式目）

右可任父母之意之由具以載先條畢、仍就先判之讓雖給安堵御下文、其親悔還之於讓與他子息者、任後判之讓可有御成敗矣、

妻の夫の所領の讓與を受くるとは認可する所なれとも夫死して後該寡婦他に改嫁することあれば其受くる所の領を奪ひ亡夫の子息に分與す若し子なき時は幕府にて之を處分す

讓得夫所得後家令改嫁事　（貞永式目）

右爲後家之輩讓得夫所領者、須抛他事訪亡夫之後世之處、背式條事非無其咎歟、而忘貞心令改嫁者以所讓得之領地可宛給亡夫之子息、若又無子息者可有別御計矣、

寡婦の故らに其所領を親族に讓りて後に改嫁し以て右の條規を免るゝ者あるを以て曆仁元年令して重病危急の際に非れは寡婦養子をなすを得ざらしめたり

遺產を相續するに當り嫡子若しくは嫡子に定められたるものゝ所領を惣領と云ひ以て庶子の領と區別す若し庶子の領も其中に混入しあるの時嫡子罪ありて所領を沒せらるゝことあれは庶子の領たる事明白なるものは詮議の後之を庶子に還附す

充給惣領跡混領庶子分事（新編追加）

惣領主有罪科之時、以別人令改補之處、庶子等稱不給御下文無尋究知行實否、頃年被付惣領之條甚不便之儀歟、各別領知證據分明者、縱雖不帶安堵御下文、於本引付重有其沙汰可返付之由、被仰下之由、三方引付奉行人被結改畢云々、

遺產分配

遺產の分配は本主の意思と嫡庶の別とにより定むべきも若し本主の意思明かならされば嫡庶の別によるは素よりなり然れども或は嫡子其人に非ず或は庶子にして幕府に忠勤の深きある等の時に於ては左の條規により幕府より便宜

之を處分す

未處分跡事（貞永式目）

右且隨奉公之淺深且糺器量之堪否、各任時宜可被分宛矣、

第三節　刑事法

刑事に關する規定も民事に關したるものと同しく順序なく又分類なく式目中隨處に記載せり武家は諸事簡易を主とし百般の政皆多くは主權者の「手心」を以て處理するを以て法令の如きは總べて極めて簡略なり殊に刑律の如きは多く先例により又は犯罪の影響の範圍如何により臨機に之を處分するを法とし刑律の成文たるものは誠に全躰の一部に過きす

第一項　犯罪の種類

罪として論すべきものゝ中最も重きを謀叛とし之に次くを殺害、夜討、强盜、山賊、海賊とす其他放火、勾引、惡口、狼藉、博奕以下の諸犯罪は稍輕きものとせり

謀叛は幕府に對する國事犯罪にして更に刑名を定めず貞永式目中左の如くに規定せり

謀叛人事

右式條之趣兼日難定歟、且任先例且依時儀可被行之、

殺害以下の犯罪は大抵其刑罰を定むる所あれとも是只一般の事にして時と場合により又執法者の「手心」を用ふるものとす

第二項　刑罰

刑罰を輕重によりて分ては次の如し

死罪　流罪（若しくは所領沒收）　召籠　止出仕　社寺修理

以上御家人に對する處刑なり

職司褫奪　永不可被召仕

以上奉行人、守護、地頭以上に對する職務上の處罰なり

斬罪　流罪　捺火印於面　沒收　科料　賠償　刺除片方之鬢髮

以上凡下に對する處刑なり

法師、神官、婦人等又多少の斟酌あり

以上擧くる所の刑罰の中又自から差等ありて沒收中全所領、一所領、或は半所領

あり召籠にも長きあり短きありて沒收も輕き時あり召籠も重き時あるものとす又流刑と全所領の沒收とは略〻等にして所領なきものは沒收に代ふるに流刑を以てせらるゝを常とす又附加刑として死罪には必す沒收の伴ふものとす」

流刑は大抵左の國々に配せらる

伊豆　安房　常陸　佐渡　隱岐　土佐（遠流）

信濃　伊豫（中流）

越前　安藝（近流）

右の遠中近は延喜式の定むる所を習用したるものにして多く京師附近の犯罪人及朝臣等に充てたるものにして幕府にては多く左の國々に配流せり

上總　下總　陸奧　越後　出雲　周防　隱岐

加害者の身を被害者に與へ其隨意にせしむるとあり是は加害者の卑賤にして被害者の高位なる時に限るものゝ如し

第三項　縁座

謀叛は勿論殺害、刃傷、强盜等の重罪は犯罪者の意思或は被害の大小等により其

父母妻子等罪に座することあり

一、殺害及傷罪科事　付父子咎相互被懸否事

右或依當座之諍論、或依遊宴醉狂、不慮之外若犯殺害者、其身被行死罪、並被處流刑、雖被沒收所帶、其父其子不相交者、互不可懸之、次及傷科事同可准之、次或子或孫於殺害父祖之敵、父祖縱雖不相知可被處其罪科、爲散父祖之憤忽遂宿意之故也、次其子若欲奪人之所職、若爲取人之財寶雖企殺害、其父不知之由在狀分明者、不可處緣座、

一、依夫罪科妻女所領沒收否事

右於謀叛殺害、並山賊海賊夜討强盜等重科者、可懸夫咎也

但依當座之口論、若及傷殺害者、不可懸之

（但及傷殺害罪に對する父母妻子所從の緣座は後に廢止せられたり）

第四項　加重

犯罪は之を、重ぬるに從て次第に刑を重くし初犯に笞刑なきものも再犯には笞刑に當て或は初犯に於て火印に當する者も三犯に於ては死に當するものあり

加重

一、竊盜事
右三百文以下任御式目、以一倍致其辨可令安堵(中略)六百文已上重科、可爲一身之咎(中略)雖爲少犯及兩度者、可准一身之咎焉、
一、竊盜事
(上略)仍於初度可捺火印其身面及三箇度者、可被誅歟(下略)

刑罰は身分によりて差あり

刑の輕重は身分の高きに隨ふて刑を重ふす則はち竊盜は凡下に於ては初犯は或は賠償或は火印に止まれとも侍は初犯に於て直に流罪に處せられたり又侍の中にても奉行人等職司あるものは更に罰を重ふせり而して破廉耻罪ならさる刄傷殺害等の罪には左して輕重なく或は侍の輕き場合多し

父子、夫妻の間に於て罪に輕重の差ある、素より其所なれとも幕府は其成立上君臣の間に最も重を置きたり

第五項　訴訟手續

訴訟手續

此時代に訴訟には大約民事刑事の別ありて民事は之を論訴と云ひ刑事は之を

檢斷と云へり

裁判の最終最高は將軍の直裁にして賴朝時代の直裁は後世に至るまて皆先例として準據せられしが其後將軍の權執權に移りてよりは直裁は全く行はれず只執權、連署の決斷を以て最終となすに至れり

將軍若しくは執權の下にありて裁判を司るは民事にありては政所、刑事にありては侍所とす正治元年に設けられたる問注所は政所の別廳にして其政務の中訴訟の事を以て專務となす別に賦別奉行、五方引付等も民事訴訟を司ると雖とも領地、貸借、盜難等の訴訟は專はら問注所の與る所とす又別に裁判の遲滯若しくは寃枉等にあたり越訴を受くるが爲めに越訴奉行あり

地方にありては事の小なるものは刑事は守護にて處分し民事は地頭に於て之を管掌せり

民事訴訟に於て訴人(原告)先つ本解狀(起訴狀)を出せは論人(被告)は答辯書を作りて之を職司に進む之を初答狀と云ふ而して訴人又由て問ふ所あり論人之に答へ訴人三たび問狀を出して論人三たび之に答ふ而して訴人猶言はんと欲する

とあれは更に追加申狀を出すとあり此に於て司法職は此等の書狀を檢して以て判決を下すものにして文書を以て決し難き時は始めて訴人、論人を召喚し以て對決を行へり而して裁判進行の必要より論人を召喚するに當り召文を下し七日を隔てゝ三度に及ひて猶出廷せす更に七日を置き四度之を召して終に來らざるときは先つ訴狀を檢し訴人理あれは直に其求むる所を裁許し理なければ領地若しくは其他の係爭物は官に沒して他人に賜ひ或は寺社の修理に付するものとす

管轄の裁判を措きて直に上官に訴ふるを禁し更に奉行人の緩怠を誡しむるが爲めに左の如き規定あり

一、閣本奉行人付別人企訴訟事

右閣本奉行人、更付別人内々企訴訟之間、參差之沙汰不慮而出來歟、仍於訴人者暫可被抑裁許、至執申人者可有御禁制、奉行人若令緩怠空經廿箇日者、於廷中可申之、

其他濫訴、誣告、僞證、謀書等之を禁するこど甚た嚴にして殊に對決に際し言罵詈に

裁判を經すして刑せらるゝことなし

職制

室町時代職務鎌倉時代と大同小異なり

近きものある時は全く其論據を否認せり

刑事の犯罪は必す裁判を經るを要し將軍、執權若しくは其他の高位の者の意志を以て隨意に之を處斷することをなし

一罪科之由被露時不被糺決改替所職事

右無糺决之儀有御成敗者、不論犯否定貽欝憤者歟、早究淵底可被禁斷焉、

第三編　室町時代

第一章　職制

室町幕府の職制は大抵鎌倉幕府と異ることなく只一は將軍の京都にありて管領の鎌倉にあると一は將軍東國にありて六波羅府採題の京都にあるとによりて兩者の間自から多少の差異あるのみ

征夷大將軍

幕府を開き一切の國政を統理するは鎌倉時代と同しく征夷大將軍にして足利

尊氏の建武二年に任命せられたるに始まり爾來子孫相嗣ぎて世々此職にあり其臣隷として幕府の職員たるもの次の如し

管領

管領の管掌は鎌倉時代の執權と異る所なし只當時には北條一族の專有なりしが室町時代には先に高師直、仁木賴章、細川淸氏等相次て之に任し貞治年中從來執事と云ひしを管領と改め斯波義將、細川賴之、畠山持國等相次て此職に補してより斯波、細川、畠山三氏迭に之に任することゝなり三氏を世々三管領と稱せり足利氏衰ふるに及び三氏亦隨て衰頽し此職名自から廢絕せり

管領代は管領事故あり禮典儀式等に列する能はさる時之に代る臨時の職なり

評定衆

管掌する所鎌倉時代と同し足利氏の一族、及び中原、三善の末葉を以て之に任し足利氏の族人ならざるものを出世評定衆と稱し式日にのみ會するものを式評定衆と云ふ

引付衆

鎌倉幕府と同しく引付衆五番を置き頭人五名を命し多く足利氏の門葉なる吉良、石橋、山名、一色、細川、畠山等を以て之に補して正頭と稱し事故ありて足利氏ならざる攝津、二階堂、伊勢、波多野、佐々木等を以て之に命するときは權頭と云へり

政所執事

室町時代には政所長官は別當にあらすして執事なり伊勢氏世々之に任す

政所の管掌する所は金穀の貸借、田圃の典賣、賣奴の訴訟、諸國の貢租、質物、酒造及諸商賈の税錢等にして主として財政と民事の裁判とを司れり

政所執事を補佐するの職名左の如し

執事代　政所代　寄人　公人

侍所々司

侍所には別當なく所司を以て其長官とし赤松、一色、山名、京極、四氏交迭して此職にあり管掌する所は將士の進退幕府の警衞市中の巡察及刑事犯罪人の處斷等一に鎌倉時代に同し

侍所々司の下にある職員次の如くにして皆鎌倉と同しきを以て單に其名のみ

唐船奉行琉球奉行等は前代になき所なり

を列擧す

所司代　開闔　寄人　小舍人　小侍所々司

諸奉行人

諸奉行人の職名、管掌等大抵鎌倉と同しきを以て單に其名を列記す

評定奉行　公人奉行　守護奉行　諸亭賦　賦別奉行
越訴奉行　證人奉行　檢使奉行　恩賞奉行　安堵奉行
官途奉行　寺社奉行　神宮頭人　唐船奉行　琉球奉行
宿次過所奉行　披露奉行　申次第奉行　御所奉行
御出奉行　御物長持奉行　御物奉行　作事奉行　普請奉行
庭奉行　造營物奉行　御所造作物奉行　廐奉行　段錢奉行
倉奉行　御倉納錢奉行　納戸役　御撫物使　祈禱奉行
貢物奉行　椀飯奉行　御濕物奉行　唐物奉行　御古書奉行
御判始惣奉行　御元服奉行　御昇進奉行　拜賀惣奉行
御產所惣奉行　御佛事奉行　御禊大嘗會奉行　法會奉行

関東管領

地方頭人　　御門役奉行

其他中央職員の主なるもの次の如し

相伴衆　　斯波、畠山、細川の未た管領たらさる者其他勲労ある者を擇ひ相伴衆とし將軍出御の時陪侍す席次は管領の次にあり人數は多き時廿五人少き時は五六人なり

國持衆　　宗族舊勳の大國を領する者の管領相伴衆に入らざるを國持衆と云ふ班は相伴衆の下にあり此に次くを准國持衆、外樣衆と云ふ

以上二者は常職なく式日にのみ列席す

御供衆は四番あり尊氏事を擧ぐるの際鎌倉に附從せし者の子孫世襲し飯膳に供役し啓行に扈從す

番衆には詰番、御部屋衆、御小袖御番衆あり

關東管領　　始め尊氏自ら東國の管領と稱し次に弟直義に讓り後子義詮を以てせしが貞和四年義詮歸京し尊氏の次子基氏之を次くに至り關東管領の職其世襲となれり後室町に倣ひ邸を御所と云ひ自から公方と稱す

管領の下に評定衆、引付頭人、政所執事、問注所執事、侍所々司、越訴奉行、御所奉行、陣奉行、社家奉行、鶴岡惣奉行、禪律奉行、箱根奉行、撫物使、造營奉行、御所奉行、垸飯奉行等あり

九州探題　一色、仁木、今川諸氏を經、澁川氏に至り之を世襲し大友氏又探題の名を因習すれとも幕府の公認にあらす

奥州探題　畠山、吉良兩家之を世襲す

諸國守護、守護代、小守護代、守護使

守護は甚た大なるもの多く少きも一國半國多きは山名時氏、氏淸の如き十一國を領せり

地頭、地頭代、總領地頭　地頭は後守護の家人となり單に一鄕一村を有し諸役を勤むるのみ

足利季世諸家の職名

足利季世亂多きの時諸家の重臣を稱して宿老、大家老之に次くを家老、年寄、首名(オトナ)と稱し總して家老中と云へり是れ足利時代評定衆、引付衆を年寄或は老中と云

ひたるに始まり後世の稱號の由て起る所とす又老中に次くを若家老或は若年寄と云ふ此前當時の職名に地方官として郡代、大代官、郡奉行の名あり監察には目附、横目市政には町奉行會計には勘定奉行軍旅には鎗奉行、鐵砲奉行、使番等あり皆鎌倉、室町兩時代の職名に淵源し後世に傳はれるものとす

第二章　租稅制度

田租

南北分爭の際には各地の政治統一する所なく隨て課稅の法も亦所によりて大に寬嚴の差違ありしが一般に鎌倉時代と左したる差なきものゝ如し今其例を左に揭く

（妙國寺文書）（拔萃）　貞和四年七月十七日尾張國中島郡福重保田畠沽劵に領家の年貢反別二十文每年沙汰の外天下加徵万雜公事等の他役なし云々

（仝上）　五年二月尾張國妙興寺保注進に田畠十六町九反三百步の濟物は絲七十兩綿五十兩絹一匹四丈大豆五石八斗一升六合云々

又應永元年上野國新田莊得河田畠目錄に左の如く記せり（最大最小のみを揭ぐ）

一、田壹町八段　分錢拾貫三百文　一段に錢五百七拾貳文貳分貳厘餘
一、田　貳段　分錢　六百文　一段に錢三百文
一、田四町五段　分錢拾貫三百文　一段に錢貳百貳拾八文八分八厘餘
一、畠　八段　分錢一貫六百文　一段に錢貳百文
一、畠　六段　分錢一貫文　一段に錢百六十六文六分六厘餘

仝十七年十二月付の東寺百合古文書に山城國紀伊郡鳥羽平里二十七坪の田一段每年出貢十二合升定にて八斗とあり又古文集錄中の文書中に田五段は年貢米二斗八升此料八百文畑四段は四百文云々とあり是によりて新田莊の田租を計算すれば次の如し

一、田一段　二石〇三升
一、田一段　一石〇五升餘
一、田一段　七斗八升餘

（但米價を高下なしと見做してなり）

平均　　一石二斗八升餘

右の如きは非常の重税なれとも足利氏の政漸く整頓するに及ひ大畧四公六民を以て準とせり後奈良天皇天文廿二年足利義輝諸國に令し自領、私領を論せす一國毎に檢して全石高を擧けしめたり是を天文の檢地と云ふ其石數千八百六十八万三千六百九十六石あり是の租は四公六民の法により且五合摺として計算すれは略左の租米あるへし

總石數一八、六八三、六九六石

租穀　　七、四七三、四七八・四

租米　　三、七三六、七三九・二

之れを全國を通したる租米の標準額となす

正稅以下

鎌倉時代に異るなし只國内の靜謐ならざるか爲めに沮滯すること屢なるのみ此他社寺附屬地の租及地子等大凡前時代と異ることなく只次第に重きを加へたるのみ

第三章　交通制度

鎌倉幕府の衰ふると共に各國の大小名は領內の山川若しくは要害の地に新關を設け關、山手、川手等旅人の通過に課税せしか室町時代の始め一切之を禁じ頗ぶる交通の便益を計りしか室町の勢威は久しからずして大に衰へ其政令廣く行はるゝ能はず全國の交通は只沿道の大小名の施政如何によりて便不便の差あるに至れり加ふるに應仁以降群雄各其國に據りて相戰ふに至り各自の防備より打算して外人の交通は殆んと之を杜絕するの傾向あり時に交通安全の語あるも是れ只一領主の管區內に於て然るに止まれり隨て交通制度の見るべきもの絕無とす

第四章　司法制度

第一節　法律

室町時代の法律は主として北條時代の貞永式目及其追加條目にして大抵は此

大凡鎌倉の法律を襲用す

によりて處決したりしが猶時勢の變遷に從ひ多少の增補斟酌を要するを以て別に又建武式目十七條を制定し以て足利氏の憲法となせり然れども此式目は大畧政務官の訓誡に過ぎざるを以て後次第に鎌倉式目の追加補正の條文を造れり是れ今日建武以來式目追加と稱して畧二百十條を存するものなり而して此中數條は北條式目の混入せるものあれども其他は皆正確に當時の條文を傳へたるものと見て不可なかるべし

第二節　民事法

賣買、質入、契約等大畧北條時代と同じきを以て省略し只當時代に特有なる德政に關する法規を列記すべし

德政の濫用

德政は元來租稅の怠納を免する慈惠的政令なりしが足利中世以後殊に東山時代に於ては財政の困難を救濟せんが爲めに時々此の令を下して幕府、臣下、人民等の間の一切の貸借を無効となすものなり而して德政の令出づるも猶債務上の關係を消滅せざるものの或は或條件を以て之を斟酌する等の事あり則はち左の如し

一　諸社神物　附神明熊野講要脚事
不可有改動之儀但不載其社名者難被信用歟
一　祠堂錢事　限貳文子
子細同前但不載祠堂方帳者難被許容歟
一　永領地事
不可有改動之儀但爲出錢主返狀之年紀之內者不可有其沙汰之
一　帶御判並下知狀地事
既被經御沙汰之上者不能悔返者也
一　永代賣寄進地事
不可有改動之儀
一　本錢返地同屋事
可被返本主也
一　借書事　附德政文言不可依文章同前
子細同前

一　年紀沽却地事
子細同前
一　質券地事
子細同前
一　土倉已下流質事
過約月者任法可爲錢主計也
以上

此の外絹布、繪彩、書籍、樂器、家具、雜具の質入は十二ヶ月盃、香合、花瓶、香爐、金屬具等の質入は廿ヶ月米穀、雜穀の類の質入は七ヶ月を限りとし其以後に於ては德政の令出つと雖とも之に與るを得ざるものとす

第三節　刑事法

大略鎌倉時代に同し故に省略す

第四節　訴訟手續

大略鎌倉時代に同し只訴論人の文書は共に目錄に載せ判形を加ふるを要し訴

人解状を出すの後廿一日にして論人之に答ふることなき時は論人の敗訴となせり

豊臣時代

第四編　豊臣氏時代

職制

第一章　職制

豊臣氏の職制は極めて簡易にして前田玄以を京都所司代として市政社寺のことを司らしめ長束正家をして財政を淺野長政、増田長盛、石田三成三人をして土木、訟獄、雜務を司らしめ五人を稱して五奉行と云ひ公文に連署せしむ

別に徳川家康、前田利家、毛利輝元、宇喜田秀家、上杉景勝五人を大老とし生駒雅樂中村式部、堀尾帶刀三人を中老とし只大事にのみ參與せしめ他は皆五奉行に於て之を決せり

土地の制度

第二章　土地の制度

一、天正改制の丈量　天正十七年より文祿四年に至るの間秀吉令して天下の

田畝を検定せり是を天正石直し或は文祿檢地と云ふ室町時代に至る迄田畝の大小を比較丈量するに貫高即はち收納の錢高を以てせしが今回の改制には貫高を廢し石高即はち收穫の米穀高を以てせり而して其の丈量單位の段は從來三百六十步なりしを今其六十步を去り三百畝を一反とし以前の一段を一段二畝となせり從て天正以後の一町二段は以前の一町を云ふなり

貫さ石さの比較

二、貫高と石高との比較　貫高は鎌倉室町殊に應仁前後の爭亂によりて一貫地の廣狹は所在必ずしも同じからざるものとなりしかば之を石高に變するに當りても亦各地貫と高との比較常に等一ならす或は一貫の石高一石七斗九升乃至二石一斗九升なるあり或は十貫の地二十三石六斗に當るあり或は百貫の地五百石なるあり或は更に是より大なるあり區々一ならずと雖とも概して一貫の地は五石を以て準となすべきが如し

第三章　租稅の制度

租稅の制度

正親町天皇天正十四年正月十九日關白秀吉令して米穀三分の二を公に納め三

分の一を私有となさしむ是に於て前時代四公六民たりしもの俄かに增して二公一民となりたるもの丶如きも實は群雄割據の時代に於ては大抵此類にして中には間々之れに超越するもありたるなり而して此時代には他の課役の減少したるもあれば之を平均すれは略通例の稅率なりき

文祿年中令して全國の田畠を檢せしむ其法曲尺六尺三寸を一步三百步を一段とし田畠各其地味の高下によりて租の多少を三等に分つ則はち左の如し

單位	田地 曲尺	穫穀 京升	穫米 京升	租米 京升
上田	一步方六尺三寸	一、〇〇	、五〇	、三餘
	一段三百步	三〇〇、〇〇	一五〇、〇〇	一〇〇、〇〇
	一町三千步	三、〇〇〇、〇〇	一、五〇〇、〇〇	一、〇〇〇、〇〇
中田	仝上	、八六	、四三	、二八
	仝上	二六〇、〇〇	一三〇、〇〇	八六六、六〇
	仝上	二、六〇〇、〇〇	一、三〇〇、〇〇	八、六六六、六〇

單位	畠地 曲尺	穫穀 京升	穫米 京升	租米 京升
下田	仝上	、七三	、三六	、二四
	仝上	二二〇、〇〇	一一〇、〇〇	七三三、三〇
	仝上	二、二〇〇、〇〇	一、一〇〇、〇〇	七、三三三、三〇
上畠	一步方六尺三寸	、八〇	、四〇	、二六
	一段三百步	二四〇、〇〇	一二〇、〇〇	八〇、〇〇
	一町三千步	二、四〇〇、〇〇	一、二〇〇、〇〇	八、〇〇、〇〇
中畠	仝上	、六六	、三三	、二三
	仝上	二〇〇、〇〇	一〇〇、〇〇	六六六、六〇
	仝上	二、〇〇〇、〇〇	一、〇〇〇、〇〇	六、六六六、六〇
下畠	仝上	、五三	、二六	、一七
	仝上	一六〇、〇〇	八〇、〇〇	五三三、三〇
	仝上	一、六〇〇、〇〇	八、〇〇、〇〇	五、三三三、三〇

右の表を以て慶長三年全國總石高に充つれは全國田租の標準額略次の如し

全國石高　一八、五〇九、〇四三石七四

租穀　一二、三三九、三六二石四九一一

租米　六、一六九、六八一石二四四七

後陽成天皇天正十六年四月正税を止め別に洛中の地子を以て之れを代へ以て永制となす

禁中御料　銀地子　五千五百三十兩

仙洞及六宮御料　米地子　八百石

諸門跡諸公卿料　江州高島郡　八千石

地子は各都市一般に課する所なれとも種々の功績若くは何等かの關係によりて全免せらるゝもありき

山林、原野及町村等種々の雜税あり繁に過ぐるを以て省略す

豐臣氏の直轄地は、山城、大和、攝津、河内、近江、和泉、播磨、甲斐、美濃、淡路、紀伊、伊賀、伊勢、丹波、讃岐、尾張、信濃、但馬、常陸、越前、若狹、遠江、三河、下野、陸奥、加賀、飛驒、伊豫、肥前、豐後、

豐臣氏の收入

出雲、備後、長門、伯耆、肥後に散在し總へて二百万五千七百十九石とし其租米六十六万八千五百七十三石にして之に加ふるに諸大名所有の金銀山よりの運上の金三千三百九十七枚八兩一匁一分六釐銀七万九千四百十五枚七兩及津橋、鑄貨、地子等の收入金千二枚銀一万三千九百五十枚とす
但金一枚は十兩にして一兩は四匁一分五釐　銀一枚は十兩にして一兩は三匁九分なり

第四章　交通制度

織田信長大に意を交通に止め東海、東山兩道の己れの管區內にあるものは里程を定め道路橋梁を修め舟楫を設け更に天正三年大に工を起して兩道を修め三年を閲して成る大路幅三間半小路三間兩傍松柳を排植す又宇治橋を修め諸國關役を廢し以て後世の交通制度の基を定めしが豐臣氏其後を承けて更に交通の便益を增加せり

道路の改良は戰爭の餘慶
道路　秀吉は信長の意を續きて諸國の道路を修繕したりしが中にも時々大

軍を起して東西に往來したるが爲めに海陸共に大に交通の利便を加へたり即はち四國、九州、關東等の道路及之に伴ふ海路の交通の進歩は實に長曾我部島津北條討伐の餘慶にてありき

通信　通信の進歩も亦多く戰役の結果なり即はち征韓に際し驛傳朱印の制極めて頻繁に行はれ京都より名護屋に至る者の傳馬は關白の朱印により大阪より發するものは北政所の朱印により名護屋よりするものは秀吉の朱印により敢て之を臣下に委せず而して大阪、名護屋間には毎一里二人の急脚夫を常備し沿道の道路舟楫を修め旅宿の宿泊料を一定せり

江戸時代

第五編　江戸時代

社會の秩序

第一章　社會の秩序

江戸時代に於ては人々其身分と職業とによりて自から高下の差別ありき

朝臣

一、朝臣　太政大臣以下朝廷の縉紳にして天皇に直隷し四民の上位にあり此

內太政大臣左右大臣を以て最高とし親王等皇族も其下にあるものとせり又公卿に臣從する武士所謂公家侍なるものは公家の統率を受け武家は直接に之を支配することとなし

二、將軍　天皇に代りて天下の大政を總攬すれとも朝廷の席次に於ては其官位相當の位置にあり大凡德川氏の將軍は每代右大臣を以て常とし退職若しくは薨去の後太政大臣、左大臣に贈叙せらるゝものにして在職中太政大臣となりたるは只家齊あるのみ

諸侯

三、諸侯　萬民は勿論諸侯と云ひ將た將軍と云ふも皆天皇の民なるは素よりの事なれとも是れ名分の上より論したるの事にして事實より云へは諸侯以下皆將軍の臣屬にして朝廷は殆んと諸侯以下と直接の關係なきものなり幕府は數百の諸侯を統率し進退黜陟一に其任意にあり

士

四、士　士は將軍に直隷する旗本、及諸大名に臣隷する者、及是等に臣隷する者、或は嘗て士の籍にあり故ありて仕途を去りたるもの所謂浪人等數多の種類あり共に一般社會の上流に立ち社交上法律上許多の特權あり

人民

五、鄕士、神官、僧侶、醫師　士に準すへきものにして武家の下人民の上にあり

六、人民　百姓町人等と稱する一般の人民は其階級武家の下にあり此内には確然たる高下の別なしと雖とも大畧百姓則はち農民を上として工商之に次くものゝ如し總へて苗字なく又兩刀を帶するを得す只家柄若しくは功勞等により少數者は或は一代を限り或は永代に是を許さるゝことあり

以上は當時臣民の階級にして其區別は明かに存立すれとも其間の移動には殆んと制限なきものにして獨り朝臣を除きては是より彼に轉するは其場合頗ぶる多し則はち將軍の直系絕ゆることあれは親藩の諸侯入りて將軍となるへく士にして勳勞あれは將軍の意によりて諸侯となるへく將た四民と雖とも其文武の才により將軍、諸侯若くは高位置にある士の任用によりて士の籍に列するを得へく之に反し諸侯、朝臣も罪あり其祿を沒せらるゝとあれば是れ一個の士にして士も自己の意思若くは法律の制裁により百姓、町人となるとあるへし故に諸侯、士、町人等の區別は只其現在に就きての區別にして是より彼に進むは拔擢により彼より是に退くは自己の意思と法律の制裁とによるものなりとす

賤民

職制

以上叚民の外に穢多、非人の二賤民あり

德川時代の賤民は其由來明ならず或は土蜘蛛の遺種とし或は外國人の遺類或は壽永、元弘亂等の餘族と云ひ未だ定說なし此の內穢多は屠獸製革を職とし淺草に居住する彈左衞門之を支配し非人は穢多より稍輕くして淺草の車善七品川の松右衞門之を管す穢多は解除して叚民となすを得ざれとも非人は或場合には之を得べし即はち叚民より之に下りたる者未だ十箇年を經ざる時其親族より解除を申出たる時の如し

是等の賤民は公に對して太鼓等造革のこと、死刑執行のこと、刑場の保管、時として盜賊の捕縛に預かり租稅は或は半或は全部を免ぜらる

明治四年八月穢多、非人を解放し平民に編入せしが其總數三十八万餘人ありき

第二章　職制

江戶幕府の職制は其始德川氏が三河より江戶に移りたる際大抵舊制により只其規模を大にしたりしに淵源し爾來其勢漸く大にして將軍となり大阪を滅し

て天下に號令するに至り漸く其職司を增して大に備はるに至りしかど大抵漸を以て自然の發達をなしたりしものなれば其職務章程の如き彼此錯綜殆んと理を以て推し難きもの多し蓋し多くは先例により臨時の官の常任となり假設の職の定制となれるの類にして例へは始めて切支丹奉行を置くに當り其頃普請奉行たりし人の宗敎に明なるの故に之を兼ねたりしとの恒例となり或は又甲の職より乙の職に轉したるとありて爾來の昇進は一に此順序による等の事多きを以てなり

江戸時代にありては幕府との親疎により諸侯を親藩、譜代、外樣の三種に區別し政務官は一に譜代と旗本とに採り親藩は重大の事件あれは或は將軍の諮詢に答へ或は意見あれば將軍及執政職以下に好意を以て之を吐露するとあるのみ外樣に至りては幕府に緣故深き者のみ時として親藩と同樣のことあれとも概して政務に關係すると無きものなり只幕末內外多端の時に當りては此軌範を逸したりしと勿論なりとす

第一節　中央職員

幕府職員の主なるものは皆「御」の字を付す御大老御老中の如し

幕府の大政の出つる所を御用部屋と云ひ列するものの左の三職とす

大老　老中　若年寄

大老

大老　は江戸開府以前は家老と云ひしものにして幕府職員中最高のものなり老中の上に立ち只大事を裁決す此職の起源は幕初の頃老中土居利勝の多年の功勞と德望との故を以て之を優遇せんが爲めに尋常の小事は與り聞くに及はす只大事を裁せしめたるを始めとす爾來其人あれは之に任し其人なければ之を闕くこと猶ほ王朝の太政太臣の如し斯く權勢は幕臣中最大なるものなれとも室町時代の如く大諸侯にて世襲するものにあらず又豐臣氏の五大老の如く權限の漠然たるものにあらず上に將軍あり外には三家及諸侯のあるありて一二の場合を除くの外甚た跋扈を極むるに至らざりき將軍幼なる時は大老と云はす之を輔佐と云へり而して其實は異る所なし幕末に總裁と云へるも亦然り

老中

老中　或は執政、閣老又加判衆と稱す鎌倉幕府の連署に等しく萬般の政務を執行するものにして大抵二万五千石以上の譜代大名中より撰任し格式は從四位侍從若くは從四位少將とす人數は四人乃至五人にして月番を以て順次庶務を統轄する職とする所は院中、宮、門跡、堂上に關すること萬石以上則はち諸侯の事交代寄合則はち旗本の大なる者にして參勤をなす者に關すると及山田、長崎、佐渡等の遠國奉行に關する事等を管掌す而して京師に關する事は之を京都所司代に傳へ諸侯に關する事は大目付を以て之を諸侯の留守居に傳へ只大事は老中若しくは大目付直に之を面命す

若年寄

若年寄　三代將軍の時松平信綱、阿部忠秋、堀田正盛、阿部重次、三浦正次、太田資宗、六人を以て六人衆と稱して庶政に參せしめたるに始まり老中に對し之を若年寄と云へり人員は四人乃至六人にして一万石二万石の譜代大名之に任し格式は從五位下諸大夫なり管掌する所は政事の重要ならざるもの及旗本に關する事等にして又月番を以て順次事を見るものとす

奥御祐筆

以上は御用部屋則はち内閣の職員にして別に老中、若年寄の命を奉して文章記錄を掌る奥御祐筆なるものあり其長を組頭と云ひ祿四百俵の卑位の者にして下に數十人の御祐筆を率ゆ幕府初世の頃には單に書記たるに止まりし

が後世にては老中の政務の下調をなし多く機務に與かるを以て實際に於ては頗ふる權力ありて老中若し其器に非れは往々にして之を凌くとあり且諸願の如き皆是輩にて取調るか故に其認否遲速等に直接の關係ありて庶民よりは大に憚られたるものなり

(明良帶錄) 諸願向も取調る事故安永明和の比迄は御右筆の地獄箱と云談說有吹擧もなく賂もせす無緣の者の諸願は地獄箱に入たり是は調大遲く諸より願ても早く仰付らるゝは吹擧の仁賂の緣ある人の願は早く調へ出す故早く濟無緣の賂なきは跡へ／＼と廻さるゝ故遲し夫ゆへの俗說也云々

三奉行

中央政府に於て御用部屋職員に次て要用なるものを左の三奉行とす

寺社奉行　町奉行　勘定奉行

寺社奉行は譜代大名を以て任する職にして寬永十二年堀市正等に始まり定員は大抵四人なり管掌する所は社寺、神官、僧尼及社寺附屬の御朱印地に關する事及此に關する訴訟にして併はせて關八州の私領、旗本知行所の訴訟を裁斷す此職より諸司代若くは大阪城代に轉し若年寄、老中に進むの順序なるを以て頗る

老中支配の職員

要職となせり

江戸町奉行　三千石高の旗本より任す定員二人あり南(數寄屋橋內)北(呉服橋內)の二役宅に分れ江戸町內の行政、司法、警察、消防を司り武家を除き江戸市民總躰を管す

勘定奉行　三千石高にして旗本より任命す定員四人乃至五人あり勝手方公事方の二に分れ勝手方は幕府表奥の金穀の出入及采地の分割、祿米の支給を司り老中一人、若年寄一乃至二人と共に之を處斷す公事方は直轄地人民及關八州內の訴訟並に一般人民の訴訟の紛糾せしものを裁斷す

三奉行の外老中の支配を受くる重要の職は左の如し

大目付　寛永九年の創置にして諸大名の令達、殿中の儀禮を司り評定所に列席し又老中の耳目となり諸侯を監察す人員は四人若しくは五人なり

御留守居　大奥の取締にして格より云へは大目付の上にあれとも直接に政治に關するとなし

御作事奉行　小普請組支配　御普請奉行等皆老中の配下にあれとも重要の

若年寄支配の職員

職にあらず

若年寄の配下にある職司の主なるもの次の如し

目付　老中に大目付あるが如く又若年寄に目付あり其耳目となりて諸旗本を監し殿中、城中の取締並に旗本屋敷一般の事を司り將軍出馬の際には種々儀禮警衛の事を管す

附言　大目付、目付は老中、若年寄の配下にありと雖とも猶又將軍の目代にして直接面命若くは上申をなすとあるものなり

御使番　軍使は其主職にして常時には將軍の命を帶びて遠國に使し或は國巡見として諸國の治績奈何を巡視す

西丸御留守居　御留守居の本丸に於けるが如く西丸の警護に任す

以上の外若年寄の配下にある諸職左の如し

御書院番頭　御小性組番頭　百人組之頭　新番頭　小普請奉行　御先手頭

御持筒弓之頭　御徒頭　小十人頭　御納戸頭　御船手頭等

幕府中央部の職員にして以上の外要用なるを左の諸職とす

御側御用人

御側御用人　將軍に直隷し拾遺補闕を以て務となす此職は其任する人によりて其格式を異にし通常は諸大夫侍從にして老中の下にあれとも承應中の牧野元祿寶永中の柳澤明和中の田沼等にありては老中の待遇を受け特に柳澤吉保は大老格にして威權中外を傾むけ老中は皆其頤使に甘んじたり

御側御用御取次

御側御用御取次　老中の配下と雖も將軍に侍し政治上の諮問に應し將軍と老中又は若年寄等の取次をなし並に諸大名、旗本、賓客等に應接するを以て極めて重要の職にして其人才あり且將軍の寵を受くる者は往々にして老中等を壓することあり

御奏者番

御奏者番　將軍に直隷し格式は諸大夫にして將軍と諸大名との取次獻納物の披露遠國寺社謁見等の取次等を掌る

御用部屋は今の內閣の如きものにして大政を總轄し其下に三奉行及其他の職司各課を分ちて事務を執る外に司法、會計に關して評定所勘定所、の二署ありて其大本を總ぶ今左に其組織を記さんとす

評定所

評定所　公事訴訟の最高府にして寺社、町、勘定の三奉行相會して事務を執り

評定所留役

事件の大なるものは老中の臨席することあり幕府の初世にありては別に評定所なるものなく大抵老中の役宅に於て奉行參集して裁判事務を相談したりしか明暦大火以後辰の口傳奏屋敷を分ちて評定所となし爾來老中の臨席することとなく寺社奉行最も重きをなせり

評定所には評定所留役と稱する卑位の職あり一切の書類を管理し公事訴訟の書記をなす後に至りて大抵の下調は留役にて擔當し加ふるに先例を取調るは全く此職にあるを以て審問判決を除くの外裁判上の實務は却て此卑職の手中に歸したりき

勘定所

勘定所　上下二の勘定所あり上勘定所は柳營內に設け勝手方の勘定奉行之に出仕し勘定吟味役以下之に隸屬す事務の大小と性質とにより或は奉行之を專決し或は之を勝手掛の老中、若年寄に上申して其指揮を仰くものとす下勘定所は大手門內にありて組頭以下出勤し百般の成規先例によりて擔當の事務を執行す

第二節　地方職員

地方職員

町奉行

在京職員は最も其人を撰べり

日本國中各地方によりて其支配を異にす即はち(一)禁裡仙洞御料地、公卿の采邑(二)寺社の御朱印地(三)大名の領地(四)旗本の知行所(五)幕府の直轄地是なり此五種の地は各特殊の職員ありて之を支配するものなれとも他は皆別章に記す所あるを以て茲には京都及幕府直轄地に派遣せらるゝ幕府の吏員のみを記さんとす而して今幕府を中心として記するとなれは先つ江戸より始むるとゝなせり

第一項　江戸

町奉行　江戸市中萬般の政を司るものにして前既に記する所あり又後章地方制度中に詳記するの要あるを以て之を略す

町奉行の屬員左の如し

與力　同心　町年寄(世職なり)　名主(世襲或は德望に依り市民中に撰定す)

第二項　京都

京都は素より皇上の在す所にして國躰の上より政治の上より又風敎の上より最も大切の地なるを以て幕府は在京職員の待遇、格式、職員間相互の關係將其人撰に就きても最も意を用ひたるものゝ如し

京と關東とは常に相呼應す

所司代　古來武家の常として重を京と關東とに置き府を鎌倉に開けは探題を兩六波羅に置き府を室町に開けは管領を鎌倉に置き以て一には朝廷を抑制し一には兩府相呼應して東西を控制せしが江戸幕府も亦之に倣ひ所司代を京都に置き管掌する所總て六波羅探題の如くならしめたり

所司代は人員一人にして格式は從四位侍從役地一万石を付與す（時としては之を缺く）幕府草創の際板倉勝重、重宗父子二人相次て五十餘年此職にあり其間に一には京と江戸との關係を定め一には所司代の管掌即はち禁裡、仙洞の守護公卿以下京都市民一切に關する施政の法を確定せり此頃には所司代の位置甚た重くして殆んと中央の老中と相並びしか後には老中の次位に下り是より老中に榮進するの順序となれり後世幕末多事の時には別に守護職を置き京都の政治兵馬の權を握れり

禁裡付（仙洞付亦同し）　人員一人所司代の下に立ち老中の支配を受け千石高役料千五百俵を享け與力十騎同心四十人を引率し禁裡を守護し又御用度の事を司り兼て公卿の風敎を取締るものとす仙洞付の管掌亦之に異るとなし

京都町奉行　人員二人各千五百石老中の支配を受け所司代の下にありて市中民政の一部殊に京都の風教を取締り市中及ひ山城、大和、近江、丹波の公事訴訟にして原被告共に此區域内にあるものを裁断す

第三項　大阪　伏見　奈良　堺

京附近の連絡

大阪城代　一には京都に近く一には豐臣氏の故地又一には中國、九州に對するの要津なるを以て大阪の重要なるは京都に次くものとし元和五年以來人を大阪に封することなく城代一人を遣はし以て幕府の直轄地とせり城代の格式は四品にして役知一万石を附與し大阪の警固、市政を司り兼て阪以西の諸國を監す此職より所司代に進むを以て通例となす

大阪城番　定員二人格式は諸大夫にして一万石の大名之に任し役料三千俵を受け專ら大阪城の警固營繕を司る

大阪町奉行　格式役知管掌總て京都町奉行に同し

大阪船手　老中の支配にして城代の下に立ち五千石の旗本之に任す與力六騎水主五十人を率ゐ以て海上を警し平時は船舶を管掌す

伏見奉行　京阪の間にあり其連絡を司る者之を伏見奉行となす人員一人五千石若しくは万石高以上に役料二千俵を付し老中の支配を受け與力十騎同心五十人を引率し伏見及其附近の民政司法の事を掌る

堺奉行　古來の要津にして且つ大阪に近きを以て奉行一人を堺に置き與力十騎同心五十人を付す管掌する所伏見奉行に同し時としては大阪町奉行之を兼ぬることあり

奈良奉行　畿內の中央にあり要用の舊都にして加ふるに强盛の僧侶のあるを以て千五百石高の奉行を置き付するに與力七騎同心三十人を以てし民政司法を掌らしむ

以上の諸職は以て京附近を鎭め兼ねて京以西を控制し幕府に安心を與ふるに足ると雖も京江戸間の連絡に於て留意する所なかるべからず由て又左の諸職あり

第四項　東海道

駿府城番　千石高役料七百俵の旗本に付するに與力十騎同心五十人を以て

し駿府城を警固せしむ

駿府町奉行　待遇略城番に同しく付するに與力八騎同心六十人を以てし駿府の民政及附近の司法事務を與らしむ駿府は徳川氏と歴史的の關係あるの外箱根、大井川の要害を控ゆるを以て一は江戸の外衞とし一は京、江戸の連絡とせんが爲めに此等の職を置きたるなり

山田奉行　大廟のある所にして且東海の要津なるを以て特に奉行を置き付するに水主七十五人を以てし大廟の造營遷宮諸般の事務山田の市政訴訟海上の警衞を掌り兼ねて京、江戸間特に海上の連絡に資せしむ

浦賀奉行
下田奉行　幕末黒船の出沒するに方り外交の爲めに設くる所なり

第五項　甲州街道

中仙道の職員

甲府勤番支配　三千石高に役知千石を與へ與力二十騎同心百人を付し甲府の警固民政訴訟を掌る

以上の諸職は以て京、江戸の連絡を司り地方の警固民政を掌るものにして此他

要用なる地方職員左の如し

第六項　遠國奉行

遠國奉行

遠國奉行とは幕府と距りたる政略上樞要の直轄地に置かれたるものにして上に擧げたる伏見、山田、奈良、堺と長崎、日光、佐渡との諸奉行を云ひ幕末外交の必要より設置せる浦賀、松前、下田等亦此内なり

第三章　土地の制度

土地の制度

一、慶長以後丈量の單位　天正檢地には一歩は方六尺三寸(或は六尺五寸とも云へり)なりしに慶長元和以後は方六尺一分を以て一歩となし三十歩を一畝十畝を一反十反を一町となすは前と異るなし故に慶長以後の一反は天正の一反に比して少きこと七百四十四立方尺なりとす而して六尺一分を一歩とするは六尺一歩を傳へ誤りたるものなりと云ふ

土地の種類其一　土地を所有權の上より區別すれば次の如し

朝廷の直轄地

幕府の直轄地(旗本知行所を含む)
大名の領地
寺社の所有地(朱印地)
其二、土地を性質使用及課税の上より左の如く區別す
上　中　下　下々
𤲿田　麥田　麻田　悪地下々田　見付田　砂田　山田　谷田　野地田
新下々田　荒田　沿田　深田　棚田　洞田　流作田等
桑畑　楮畑　漆畑　茶畑　麻畑　見付畑　砂畑　山畑　野畑　燒畑　除地
見捨地等

第四章　租稅の制度

第一節　田租

江戸時代の租率は各地方若しくは各領主により相同しからず或は四公六民五公五民、六公四民或は更に之より重きあれども直轄地は大抵五公五民を以て率、

となし田畠の品種は將軍綱吉の時(貞享三年)上中下に三大別し其上に上々其下に下々を分ち以て總て上々、上、中、下、下々となせり

租米を課するには一歩の籾高を知り其半を租とし五合摺を以て準となす即はち左の如し

(石盛は賦租の爲めに定めたる糙米率なり)

貞享田

	單位	曲尺	刈籾 京升	石盛 仝	租米 仝
上々	一歩	方六尺一分	一、〇六升	〇、五三升	〇、二六升
	一段	三百歩	三二〇、〇〇	一六〇、〇〇	八〇、〇〇
	一町	三千歩	三、二〇〇、〇〇	一、六〇〇、〇〇	八〇〇、〇〇
上	仝上	仝上	一、〇〇	〇、五〇	〇、二五
			三〇〇、〇〇	一五〇、〇〇	七五、〇〇
			三、〇〇〇、〇〇	一、五〇〇、〇〇	七五〇、〇〇
中	仝上	仝上	〇、八六	〇、四三	〇、二一餘
			二六〇、〇〇	一三〇、〇〇	六五、〇〇
			二、六〇〇、〇〇	一、三〇〇、〇〇	六五〇、〇〇

租　　貞　　亨

品位	品地	品地（曲尺）	刈籾（京升）	石盛（仝）	租米（仝）
下	仝上	仝上	〇、七三	〇、三六	〇、一八餘
下	仝上	仝上	二二〇、〇〇	一一〇、〇〇	五五、〇〇
下	仝上	仝上	二、二〇〇、〇〇	一、一〇〇、〇〇	五五〇、〇〇
下々	仝上	仝上	〇、六六	〇、三〇	〇一五
下々	仝上	仝上	一八〇、〇〇	九〇、〇〇	四五、〇〇
下々	仝上	仝上	一、八〇〇、〇〇	九〇〇、〇〇	四五〇、〇〇
上々	一歩	方六尺一分	〇、八〇	〇、四〇	〇、二〇
上々	一段	三百歩	二四〇、〇〇	一二〇、〇〇	六〇、〇〇
上々	一町	三千歩	二、四〇〇、〇〇	一、二〇〇、〇〇	六〇〇、〇〇
上	仝上	仝上	〇、七三	〇、三六	〇、一八
上	仝上	仝上	二二〇、〇〇	一一〇、〇〇	五五、〇〇
上	仝上	仝上	二、二〇〇、〇〇	一、一〇〇、〇〇	五五〇、〇〇

畠租

中	仝上	仝上	〇、六〇	一八〇、〇〇	一、八〇〇、〇〇	〇、三〇	九〇、〇〇	九〇〇、〇〇	〇、一五	四五、〇〇	四五〇、〇〇
下	仝上	仝上	〇、四六	一四〇、〇〇	一、四〇〇、〇〇	〇、二三	七〇、〇〇	七〇〇、〇〇	〇、一一	三五、〇〇	三五〇、〇〇
下々	仝上	仝上	〇、三三	一〇〇、〇〇	一、〇〇〇、〇〇	〇、一六	五〇、〇〇	五〇〇、〇〇	〇、〇八	二二、〇〇	二二〇、〇〇

東山天皇の元祿年中全國總石高を右の率を以て課稅すれは畧左の如し

田　一六四、三四四、六八八畝一六〇一
畠　一三一、七一〇、五〇〇畝二〇七九
（計）二九六、〇五五、一六九畝〇六八〇

總物高　二五、七八八、三三二石五六五五九

仁孝天皇天保年中に改正せる全國石高によりて得る所の租左の如し

總石高　三〇、五五八、九一七石八三九三
租穀　一五、二七九、四五八石九一八八
租米　七、六三九、七二九石四五七四

第二節　賦租の方法

賦租の方法

田租を賦するの法は全國は勿論直轄地中にても所により時によりて相同じからず多く左の數種の方法を以てせり

檢見取

其一、檢見取　每歳課税地の豐凶如何を檢定し以て租税の高を定むるの法にして古來水旱蟲霜等により租税の減免を行ひしより淵源す此法は其率に於て異る所なしとするも年々の作毛は不同なるを以て租額も亦年々相異り收税者の歳計上に於て不便多きものなるを以て別に定免取の法あり

定免取

其二、定免取　課税地の收穫の豐凶を五年若は十年を通して平均額を作り之に定率の租を課し一定の年限間は多少の水旱等の損害を問はす叉豐作を論せず必ず定額の租を納めしむるの法にして只水旱等の大損害ある時は特に之を檢して其幾分若くは全部を減免す是を破免と云ふ此法は鎌倉時代より行はれ

秀吉の豐後檢地にも之を用ひ收稅者にとりては甚た便益なるものなれとも納稅者は豐年の時必ずしも餘裕を存せずして凶年の困難却て甚しきにより間々之を非とするものありき

以上の二種は江戶幕府の用ゐたる主なる課稅法にして其中世迄は二法を併用し或は時々換用したりしが八代將軍吉宗の享保六年令して次第に各地方に定免取を實行せしめ只特に定免に不便なる地方にのみ他の方法に由らしめたり爾來將軍家重、將軍家治の時代には益定免取の法を奬勵し殆んと全國に波及せり

以上二種の方法の外又種々の賦租法あり左の如し

段高場取

其三、段高場取　河湖池沼の近傍若くは草生地等收穫の極めて不確にして且其額の甚だ多からざるものは之を高以外に置き單に段別を定め輕稅を課するものにして之を段高場取と云ふ享保年間武藏國の秣場を開墾せしめ一段に役米三升を課したるが如き此類なり

見取場

其四、見取場　見取場とは川邊、山麓、原野等僅少の區域內に百姓の開墾せる地

を云ひ之に租を課するには定見取及屋敷見取の二法あり定見取は其作毛に定額の輕租を課するを云ひ屋敷見取は屋舍を立てたるものに輕租を定賦するを云ふ

雜税
小物成

第三節　雜税

山林、原野、海河、池沼等の地は王朝時代には租を課せずして別に其産物に隨て調庸を賦したりしが中世以來調庸の制漸く廢れ産物に課するの税を或は年貢或は小成物と稱して鎌倉以來行はれたりしが江戸時代に至り之を小物成と稱し山林、藪澤、湖海、茶漆其他百般の天産物に課税せり而して小物成とは總名にして其内に或は年貢あり或は役あり或は手あり例せは山年貢、山役、山手米と云ふか如し此年貢は段別を以て賦課し役、手等は段別を定めざる高以外の地に賦課するものとす其種類甚た多く一國中少なきも百に下らす多きは千以上に及ぶべし

營業税

第四節　營業税

商工、漁獵、運送、橋津等總て營業に賦する租税は又別種の收入として取扱へり而

運上、冥加、役、分一、

して其中に運上、冥加、役、分一等の別あり運上とは所本と定率あるものを云ひ冥加とは上請して納むるを云ひ役とは夫役に基き現物若くは永錢を以て上納し分一とは賣高幾分を納むるを云ふ

左に掲くるは嘉永年中に定めたる江戸諸商業問屋の運上金にして各問屋皆組合あり組合よりして運上を上納するものなり

菱垣廻船積仲間六十五組藥種問屋	金二百兩
大傳馬町組十組藥種問屋	金二百兩
疊表問屋	金三百兩
下り糖問屋	金二百兩
水油問屋	金五百兩
繰綿問屋	金千兩
瀨戶問屋	金二百兩
木綿問屋	金千兩
釘鐵銅物問屋	金四百兩

打物問屋	金百兩
藍玉問屋	金二百兩
蠟問屋	金百兩
錫鉛問屋	金五十兩
船具問屋	金三十兩
繪具染草問屋	金百兩
紙問屋	金參百兩
線香問屋	金百兩
鰹節鹽乾肴問屋	金百兩
雪踏問屋	金百兩
竹皮問屋	金二十五兩
江城二國藥問屋	金五十兩
眞綿問屋	金百兩
通町內店組小間物諸色問屋	金百五十兩

三十軒組下り蠟燭問屋	金十兩
下り蠟燭問屋	金三十五兩
丸合組小間物問屋	金四十兩
丸合組釘問屋	金十兩
合丸組墨筆硯問屋古組	金三十兩
同上新組	金三十兩
丸合組烟草問屋	金二十兩
丸合組白粉紅問屋	金二十兩
丸合組扇問屋	金十兩
茅町組雛人形手遊問屋	金二十兩
扇問屋	金二十五兩
草履問屋	金二十兩
乾鰯魚搾粕魚油問屋	金二百兩
古手問屋	金五十兩

奥州筋船積問屋	金二十兩
色油問屋	金三十五兩
一番組二番組塗物問屋	金六十兩
菅笠問屋	金十兩
廻船下り鹽仲買問屋	金六十兩
絲問屋	金五十兩
酒問屋	金千五百兩
大阪足袋商人	金十五兩
生布海苔苧屑莇問屋	金五十兩
蕨繩問屋	金七十兩
烟草問屋	金三百兩
鍋金問屋	金百五十兩
下り傘問屋	金百五十兩
呉服問屋	金五百兩

醬油酢問屋	金三百兩
空樽問屋	金七十兩
丸藤問屋	金十兩
下り索麵問屋	金三十兩
綿打道具問屋	金二十兩
茶問屋	金百兩
人參三臓圓渡世	金二十兩
定飛脚問屋	金五十兩
菱垣廻船問屋	金百兩
菱垣廻船沖船頭	金二百兩

右の外諸國に於ては漁獵、製造等の運上冥加等殆と數ふへからざるものあり就中酒、油、船、車、駕籠、水車、山獵、漁業等皆嚴重なる規定ありて漁業中鯨の如きに關しては吏員現場に出張し其大小形狀を圖し賣買に干渉し以て其運上を定むる等の規定ありき

第五節　海關稅

幕府は曩に英、葡、蘭、清、等諸國に留易を許し尋て蘭、清國に之を限りしが未た之に關する稅法を確定せす只賣買の運上に止りしが孝明天皇安政四年八月改て和蘭と條約を締結し翌年米國と修好條規を交換してより海關稅を一定せり是れ今日に行はるゝものとす(但し明治三十二年七月以前を云ふ)

第六節　德川氏の歳入

天保三年の計算によるに德川氏の領地は石高四百二十万四千三十八石にして租米百三十九万六千三百九十石餘に當り分ちて、米百十二万五百〇四石金十万千二百九十二兩なり此他運上冥加等の雜稅總へて二百二十八万八千百九十兩餘を加へて德川氏の總歳入とす

第七節　收納　石代　納期

量は秀吉以來京升に確定せしも俵は時により必すしも一定せざりしが元和二年秀忠令して三斗五升に延米二升を加へ合して三斗七升を定とし別に手本米を長七寸八分横二寸七分高三寸の函に收めて密封し納人及び代官の名を署し

て之に添へしむ

石代　石代納とは米穀に代ふるに相當の金銀を以てすること是なり是一には百姓の便を計り又幕府の金穀の過不足等により或は之を許し或は之を制限する等必らすしも定らず

納期　納期は初より大略一定せしか更に確定したるは將軍吉宗の時にして租米の江戸に到着すべき時を定むると左の如し

正月　伊豆、相模、武藏、安房、上總、下總、常陸、上野、下野、

二月　信濃、

三月　山城、大和、河內、和泉、攝津、近江、丹波、播磨、三河、遠江、駿河、

四月　伊勢、美濃、飛驒、甲斐、陸奥佐渡、但馬、隱岐、美作、備中、備後、讃岐、伊豫、

五月　筑前、筑後、肥前、肥後、豐前、豐後、日向、

六月　石見、丹後、

七月　出羽、越前、能登、越後、

公家に對する制度

天子御藝能を定む

第五章　公家に對する制度

公家は別章記する所の如く天皇直屬の臣にして幕府は只間接に之を取締るものなるが慶長二十年家康秀忠二人關白二條照實と議して次の條目を制定して朝廷に進め諸般の事一に之により其他は所司代及老中等を通し將軍と其時每に之を定めたり該條目は禁中方御條目或は禁中並公家中諸法度と稱し先つ天子御藝能の事を記し次に諸臣の位次相續、改元、服制、官位の昇進、僧侶任官の規定等を含み幕府の政權以外に朝廷を置き奉りたること武家官位を私したること等最其の用意の點を窺ふべきを以て全條文を揭くることゝなせり其の外公家の學藝品行等の訓諭等慶長十八年及正德四年に定めたるものをも後に記載せり

禁中方御條目十七個條（一名禁中並公家中御法度）

一、天子御藝能之事第一御學問也、不學則不明古道而能致太平者未有之也、貞觀政要明文也、寬平遺誡雖不究經文可誦習群書治要云々、和歌自光孝天皇未絕雖爲綺

語我國習俗也不可棄置云々、所載禁秘抄御習學專要候事

親王を三公の下とす

一、三公之下親王其故者右大臣不比等着舍人親王之上殊舍人親王、仲野親王、贈太政太臣穗積親王、准右大臣是皆一品親王以後被贈大臣者、三公之下可爲勿論歟、親王之次、前官之大臣三公在官之內者雖爲親王之上辭表之後者可爲次坐、其次者諸親王、但儲君者格別、前官大臣關白職再任之時者攝家之內可爲位次事

一、淸華之大臣辭表之後、座位可爲諸親王之次座事

一、器用之御仁躰雖被及年老、三公攝關不可有辭表、但雖有辭表可有再任事

一、養子者連綿但可被用同姓、女緣者家督相續古今一切無之事

武家官位を特殊とす

一、武家之官位者可爲公家當官之外事

一、改元者漢朝年號之內以吉例可相定、但重而於習禮相熟者、可爲本朝先規之作法事

一、天子禮服大袖、小袖裳、御紋十二象諸臣禮服格別御袍麴塵、青色帛生氣、御袍之御引直衣御小直衣等之事、仙洞之御袍、赤色橡或甘御衣、大臣之袍、橡異文小直衣、親王之袍橡小直衣、公卿着禁色雜袍、雖殿上人大臣息或孫聽着禁色雜袍、貫主五位藏人六位藏

朝臣の刑律は猶名例律による

人着禁色至極﨟着麴塵袍、是申御服之儀也、晴之時雖下﨟着之、袍色四位以上橡五位緋地下赤色、六位深緑、七位淺緑、八位深縹、初位淺縹袍之紋轡唐草輪無家家以舊例着用之任槐、以後異文也、直衣公卿禁色直衣、始或拜領家家任先規着用之、殿上人直衣羽林家之外不着之、雖殿上人大臣息又孫聽着禁色直衣、布衣直垂隨所着用之小袖、公卿衣冠之時者着綾、殿上人不着綾練貫、羽林家三十六歲迄着之、此外不着之紅梅十六歲三月迄諸家着之、此外平絹也、冠十六歲未滿透額帷子、公卿後端午、殿上人從四月西加茂祭着用普通之事

一、諸家昇進之次第守舊例可申上、但學問有職歌道令勤學、其外於積奉公勞者雖爲超越可被成御推任御推敍可、道眞眞備雖從八位下依有才智譽、右大臣拜任尤規模也、螢雪之功不可棄損事

一、關白傳奏並奉行職事等申渡儀、堂上地下之輩於相背者可爲流罪事

一、罪之輕重可被相守名例律事

一、攝家門跡者可爲親王門跡之次座攝家三公之時雖爲親王之上、前官之大臣者次座相定上者可准之、但皇子連枝之外之門跡者親王宣下有間敷也、門跡之室之位者

僧職叙任の規定

可依其仁體考先規法中之親王稀有之儀也、近代及繁多無其謂、攝家門跡、親王門跡、之外之門跡者可爲准門跡事

一、門跡者僧都大少正權法印叙任之事、院家者僧都大少正權律師、法印、法眼任先例任叙勿論也、但平人者本寺推擧之上、猶以相撰器用可申沙汰事

一、紫衣之寺者住持職先規稀有之事也、近猥勅許之事、且亂臈次且汚官寺甚不可然、於向後者撰其器用戒臈相積有智者之聞者、入院之儀可有申沙汰事

一、上人號之事碩學之輩者爲本寺撰、正權之差別於申上者可被成勅許、但其仁體佛法修行及二十個年者、可爲正年序未滿者可爲權、猥競望之儀於有者可被行流罪事

第六章　諸侯に對する制度

諸侯に對する制度

幕府は上に朝廷あり下に諸侯、士、商人、百姓あり其間に介立して天下の大權を掌握することなれば諸般の制度至て復雜なるものなるが就中朝廷と諸侯とに對するものは最も其用意の見るべきものあり

階級
諸侯の階級

第一節　階級

幕府は親疎、石高其他種々の方面より諸侯の階級を定めたり

(一)親疎の上より　親藩　譜代　外様

親藩は將軍家の血族を云ひ譜代は三河以來の德川氏の臣下にして外様は先きに德川氏と同しく豐臣氏に仕へ後に德川氏の臣となりたるものなり

(二)采地の上より　國主　准國主　城主　領主(或は邑主)

國主は前田、毛利、島津、伊達等の一國内外を有する諸侯を云ひ准國主は領地大ならざるも家格高くして國主に准するものを云ひ城主とは五萬石以上一城の主たるものにして領主とは城を有せざる小諸侯を云ふ

(三)官位の上より　大納言　中納言　參議　中將　少將
侍從　四品　五位

(四)座席の上より　大廊下　溜間　大廣間　柳間　帝鑑間
雁間　菊間

(五)石高の上より　三十万石以上　十万石以上

五万石以上（時として之を缺く）一万石以上

第二節　待遇

待遇

幕府の諸侯に對するの待遇は皆前記の階級によりて異り又其家特殊の歷史功勞等によりて全しからず諸侯の將軍に謁するの際、參勤交替の際、行列冠婚葬祭等皆各其家によりて一定し分を越ゆるを得ず今一々之を擧くるは只繁雜を加ふるに過ぎざれば玆に省略することゝなせり只外樣は一般に譜代よりも待遇厚きことゝ知るべし

第三節　權限義務

權限義務

諸侯は其領內の政治は只治亂の上に於て幕府に對し責に任ずるの外殆んと絕對の自由を有し只國內反亂を生するか、臣下相黨與して大に爭ふことあるか虐政甚たしきの聞ある等の時にのみ幕府の制裁を受くるものにして大抵の事は幕府は政に干涉せざるを常とすれとも時として些少の、事にも猶幕府の容喙することなきにしも非ず只幕府の政畧上の手加減にあるものとす

諸侯は外交、出兵、鑄錢の權なく只領內行使の目的を以て紙幣通貨を印刷鑄造す

るを許さるゝとあり司法上にも外様は何等の干渉を受けず譜代は只死刑のみは幕府に申告するを要したり

諸侯は幕府に對しては隔年の參勤、有事の日の軍役、城地、河川、道路等土木の負擔等の義務あり定額の土宜を獻するの外納貢の事なし

諸侯は次に揭くる所の法度を格守するを要す

第四節　武家諸法度

武家諸法度は諸侯に對するの制令にして始めて慶長廿年七月に發布し爾來將軍交替毎に諸侯を會し之を聞取らしめたるものにして文章は其の時毎に多少の異同あれとも內容は略同しとす將軍家宣の頒ちたる法度は白石の草案にして文意共に至れるものなれとも畧前代の法度を大成し且つ後世まで準となれるは却て將軍綱吉の法度なるを以て之を左に揭ぐ

武家諸法度

一、文武忠孝を勵し可正禮義事

一、參勤交替の儀、毎歲可守所定之時節、從者之員數不可及繁多事

一、人馬兵具等分限に應じ可相嗜事

城郭の新築を禁す

一、新規之城廓構營堅禁止之事、居城之隍壘石壁等破壞之時者、達奉行所可受差圖也、櫓塀門以下者如先規可修補事

一、企新儀結徒黨或誓約幷私之關所新法之津留制禁之事

命なくして兵を隣國に出すを得す

一、江戶幷何國にても不慮の儀有之といふとも猥不可懸集、在國之輩は其所を守り下知を可相待也、何國にて雖行刑罰役之外不可出向可任檢使左右之事

一、喧嘩口論可加謹愼、私之諍論制禁之若無據子細有之者、達奉行所可受其旨、不依何事令荷擔者其咎本人よりもおもかるべし

附頭有之輩之百姓訴論者其支配江令談合可相濟之、有滯儀者評定所江差出之可受捌事

婚姻

一、國主、城主、壹万石以上、近習幷諸奉行、諸物頭、私不可結婚姻、總而公家と於結緣邊者達奉行所可受差圖事、

一、音信贈答嫁娶之規式或は饗應或は家宅營作等其外萬事可用儉約、總而無益之道具を好不可致私之奢事、

一、衣裳之品不可混亂、白綾公卿以上、白小袖諸大夫以上免許之事
　附徒若黨之衣類は羽二重絹紬布木綿、鉄砲之者は紬布木綿、其下に至ては萬に布木綿可用之事
一、乘輿者一門之歷々、國主、城主、壹万石以上幷國大名之息、城主及侍從以上之嫡子、或年五十以上許之、儒醫諸出家之外制事

養子

一、養子者同姓相應之者を撰び若無之においては由緒を正し在生之内可致言上、五十以上十七歳以下之輩及末期雖致養子吟味之上可定之、縱雖實子筋目違たる儀不可立之事

殉死

　附殉死之儀彌令制禁事
一、知行之所務淸廉沙汰之、國郡不可令衰弊、道路驛馬橋舟等無斷絕可令往還事

大船

　但荷舟之外大船は如先規停止之事
一、諸國散在之寺社領、自古至于今所附來者不可取放之、勿論新地之寺社建立彌令停止之、若無據子細有之者達奉行所可受差圖事
一、萬事應江戶之法度於國々所々可遵行事

右條々今度定之訖堅可相守者也

寛永七庚寅年四月十五日

第五節　參勤交替

參勤交替は諸侯統馭の主なる政畧なり

參勤交替とは諸侯をして一年を江戸に一年を領地に在らしむるの制度にして幕府は此制策を以て諸侯を能く操縱し江戸の安逸は其雄志を消耗せしめ往來滯留の失費は異謀を企むの餘裕なからしめ以て幕府の威勢を幾百里外の諸侯にも洽からしめたるものなり蓋し德川家康か開府の初に當り古來鎌倉室町等の皆諸侯を駕馭するの術なく大小名は各自其領邑に據りて太た放恣にして遂に幕府の解躰するに至れるに鑑み百方經營の餘此一策を案出せるものに外ならず凡そ我國躰とは全く相容れさる武家政治にして二百餘年終始渝らず殆んど完全に三百諸侯を操縱し來りたる大原因は主として參勤交替にあり故に德川氏と此制度とは相終始するものにして且つ其制度の二百餘年の長日月に亘り全國を通じて行はれたる結果として或は江戸の繁華を助け或は諸費出費の大なるより延て地方の疲弊となり或は五街往還の發達を助け或は割據的なる

封建時代に於て全國文明の齊一に資する所ありたる等功過相半し其影響する所尠少にあらざるを以て殊に節を分ちて詳言する所あらんとす

第一項　制定

參勤交替の制度は其起源少しく早くして慶長八九年の頃諸侯の心を家康に寄するもの既に邸を江戶に設けたりしと又德川氏の裏面より之を奬勵したりしとにより諸侯の江戶に來往するもの次第に多きに及び慶長十三年には藤堂高虎首として家臣の證人を送り次て全諸侯に及び更に全十四年には將軍秀忠の內諭により東國は勿論中國、西國、北陸の諸侯亦皆年を越えて江戶に滯在し此制度は未制定を待たずして畧實際に行はるゝに至れり

元和元年五月豐臣氏滅び七月武家法度を定む中參勤に關し左の條文あり

一、諸大名參勤作法の事

續日本記制曰不預公事恣不得集己族、京裡廿騎以上不得集行云々、然者不可引率多勢、百万石以上不可過二十騎、十万石以下可爲其相應、蓋公役之時者可隨其分限事

東西兩衆

寛永十年島津家久の勸により國持大名以下諸侯の妻子を江戸に移さしめ翌々十二年六月外樣大名を東西兩衆に分ち四月を以て交替の期と定む是より此制度は年を經て漸く整頓し三代將軍寛永十九年を以て完備せること次の如し

一、諸侯の妻子は總て江戸に置き婚嫁の禮は必ず府下に於てす

一、外樣大名は東西兩衆に分ち毎年四月を以て兩衆を交代し在府在國せしむ

一、譜代大名は六月を以て交代するもの六十七人八月を以てするもの九八とす

一、譜代大名の關八州內に在るものは在府在國各半年とし八月を以て交代するもの七八二月を以てするもの七人とす

例外

第二項　例外

大躰の定めは右に記する如くなれとも其中三四例外の場合なきにあらず今之を列記せんに

其一　要地居替り交代

寛永十九年五月加賀越前の兩國主に命じて相交替して參勤せしむ其城邑要害の地にして二人共に國を空しくすべからざるを以てなり此時及此後正德四年

四月等に居替り交代を命ぜられたるものは

福岡——佐賀　唐津——島原　岸和田——尼ヵ崎
濱田——津和野　淀——膳所　吉田——苅屋（後に郡山）
掛川——濱松　桑名——長島　高槻——龜山
府内——臼杵　肥前大村——五島　交代の地にあらされとも互に隔年參府歸城あり

其二　宗對馬守

對馬は海中の一孤島にして參勤の不便なるが上に朝鮮、支那に對する防備上緊要の地なるを以て三年に一度參勤し十一月江戸に來り翌年二月則はち在府僅四ヶ月にして國に就かしむ

其三　黑田　鍋島

兩家は長崎の警衞を任せらるゝが爲に特に十一月在府二月御暇とす

其四　諸役人　定府　交代寄合、

幕府の諸役人は在役中定府則はち常に江戸に在り其他一二万石の小大名にして定府のもの少からず又旗本にして格式の高きものは譜代大名と同じく交代

をなすものあり之を交代寄合と云ふ

其五　免除

國家に大功あるときは時として一年の參勤を免するとあり寛文十二年十二月津輕越中守信政蝦夷の亂を討ずるに當り加勢をなしたるの故を以て翌年の參勤を免ぜり

其六　天災　海防

明曆三年の大火後江戸の人を減ぜんが爲に四月の參勤を延べて六月とし四月暇を三月とせり其他安永の大火安政の地震皆此の例に倣へり

弘化嘉永の頃より黑船沿海に出沒し人心騷擾せしかば邊海の諸侯に先期歸國を許せり

例外の主なるものは概ね斯の如し其他些細のとに至ては多々あるべきなり

第三項　沿革

武家政府の常として制度の變更は最も好まざる所にして殊に此政策の如きは由て以て三百諸侯を駕馭するの法として最大重要視するものなれば其變更は

享保年中參勤の年限を短縮し定額の米を納めしむ

多少の不便を忍びても猶之を避けんとする所なるべし故に古來三百餘年其大躰に於ては更に改革なく變更の稍大なるものは左の一二に過ぎず

其一　證人の廢止

寛文五年七月保科正之の儀により證人を廢す諸藩大に之を悅ぶ蓋し證人を集めしは當時大阪城のあるありて啻に天下諸侯の心を止むるのみにては安んずべからず其重臣の質をも要するによりて起りし制なれば偃武以來昇平日久しく參勤交代は十分に諸侯を制するを得るを以て今や證人の必要もなく寧ろ此等繁雜のことは武人政府の厭ふ所なるにより斷然之を廢するに至りたるなり

其二　在府年限の變更

享保七年七月令して曰く

一、御旗本に被召出候御家人御代々段々相增候御藏入高も先規よりは多候得共御切米御扶持方其他表立候御用筋渡方に引合候ては畢竟年々に不足の事に候然共只今迄は所々御城米を廻され或御城金を以急を辨ぜられ彼是漸御取續事に候得共今年に至て御切米等も難相渡御仕置筋之御用も手支之事に候それに付御代々御沙汰無之事に候得共万石以上の面々より米差上候樣に可被仰付候思召候左候はねば御家人之內數百人御扶持可被召候より外は無之候故御恥辱を不被顧被仰出候高一万石に付米百石の積可被差上候且亦此間和泉守に被仰付候隨分遂僉議納り方之品或新田等取立候儀申付候樣にとの御事に候得共近年の內には難相調可有之候條其內年々上け米被仰付に而可有之候依之在江戶半年充御免被成候間緩々致休足候樣に被仰出候

何も在府之儀に付而は江戶人多にも候間此已後在府之間も少き儀に候條可成程は人數可被相減候

(下略)

覺

一、參勤御暇之儀只今迄外樣四月御譜代六月交替被仰付候得共向後は一同に三月中九月中交替可被仰付候事

一、嫡子御暇被下候者其父在所到着以後六十日過候而可致參府候事

一、在所又は居所有之面々にても幼少若年之者へは御暇被下間敷候併一年半は

御暇之格に准し御門番火之番等被仰付間敷候尤半年宛在府之格にて右御用可被仰付候事

（下略）

右の令を以て従前の例を更め在府年限を半年とし一年半の間國に就かしめ其代として若干の米を納めしむ大方針こそ變せざれ方法に於ても斯かる大變更は武家政治には最も珍とする所なり

年限短縮亦舊に復す

是等の令は享保十五十六年に至りて之を止め又以前の如くせり

此の變更は當分の內と云ふと雖も其年限十年の久しきに亘り且つ或は永久の法とならんとするの考ありしやの疑あれば例外の中に收めず變更中に編入せり

幕末の變更

其三　文久二年閏八月二十三日國防の急あるにより令を出して在府在國の日限を變更す則はち左の如し（條文を略す）

諸大名參勤割合

三年目に大約百日を限り在府但松平美濃守宗對馬守松平肥前守は大約一ヶ

廢弛

月を限り在府

三年目に一年宛在府

大廣間　溜間　同格

三年目に大約百日を限り在府

御譜代　外樣　雁之間　御奏者番　菊之間

椽類詰　交替寄合

第四項　廢弛

幕府の盛時に當りては能く令行はれ禁止み參勤交替の如き諸侯に取りては最困難なるとも未だ其制度の公布さへあらずして見事に行はれ毫も其間に不都合を見ざりき況して法度定まりてよりは幾多の例外あり又時々の少變更ありしにも關はらず諸侯能く之に從ひ古來二百年間頗る圓滑に行はれたりしが一たび幕府の勢衰ふるや幾もなくして此制度は弛廢するに至れり蓋し財政の上より見るも繁雜の點より見るも諸侯の苟も避けんとする所なるとは明かなるとにして幕府の力能く諸侯を壓するにあらざるよりは到底此制を持續す可ら

天保の頃參勤の制少しく紊る

ざるなり去れば天保十二年九月の令に
參勤の面々病氣にて定例參勤時節より延引且御暇被下候も病氣之由を以て滯府の衆多候に付是迄度々及噂候次第も有之候處近年別而滯府被相願候衆多其内には久々在所へ不被越幷參勤延引之輩も有之候病氣無據事とは乍申先可成丈其定例の時節參勤致し且滯府無之樣被心懸押ても旅行可成樣躰に候はゞ相越候樣寄々可被咄出置候但是迄病氣等の申立にて參勤延引致且病氣願候樣躰相尋候上願之通り被仰付候振合も有之候へ共以來は其次第により御沙汰之品も難計候此段は申達候品には無之候得共爲心得噂に及候
以て此時既に諸侯の內懈りて或は參府に後れ或は御暇を得て猶歸國せざるもの等の多かりしを知るべし又此の條文と享保七年七月の條文とを比し兩々相翫味せば兩時代幕府權勢の差違につきて思半に過ぐるものあらん一は困難の事を露出して憚からず一は禁ずべきのとも禁ずる能はず(尤も條文の謙遜なるは常のとなれとも)恰も懇請するの恣あり而して其終に殊更脅迫的の文字を用ふるなど何ぞ兩時代相似ざるの甚だしき去れば諸侯は漸く之を蔑るの心を生

黑船は廢弛の機因

じ後々には此令も遂に意に止めざるに至りたることなるべし

幕府の權勢衰ふると同時に參勤交代の弛廢したるは云ふまでもなきことなれども事の發する必ず其機なくんばあらず此制度の弛廢の機となりたるものは則はち黑船に外ならざるべし山の如き火輪船の我近海に出沒するや國內人心洶々として湧くが如くなりしかば幕府は之を鎭め且は彼に備へんが爲に(一)毛利山內其他の諸侯の願に任せて何れも其國に就かしめたり又次て(二)文久二年閏八月の令ありて之をして幕府强盛の時にあらしめば事止まば又舊制に復すを得べかりしも時既に可ならず幕府は諸侯を服するの實力あらざりしなり左れば諸侯の幕府を侮るもの多く次第に定制に從はず口實を海防に假り(實際なるもあるべし)在府も歸國も殆んど意の如く加之文久の令によりて期日を緩ふせしかば參勤交替の制は幕府未だ亡びざるの前に於て既に大半弛廢せり故に權勢の衰退は弛廢の原因にして黑船は其機なりと云ふべし

幕府の待遇

第五項　幕府の待遇

諸大名參勤に對する幕府の待遇は三代將軍のときに至りて一定し格により外

樣譜代によりて各其差異あり

秀忠の時までは諸大名の參府に當り各其分限に應じ老臣若しくは小臣を上使として品川、千住に遣はして遠來の勞を慰め國持大名の參府には將軍自から事を鷹野に托して品川、千住邊に迎ふるの例なりしが家光の時斷然此の例を止め單に使を江戸の邸に遣はすことゝなれり

譜代は外樣に比して其待遇一般に薄し兩者の關係成立よりして素より應に然るべきなり

次に格につきて云はんに

イ　國持の如き格の最も高きものは參府御暇共に御老中を上使として其邸に遣はす

此格の隱居は參府の時に限り御老中を遣はす

ロ　其次は御暇の時御老中を上使とし參府の時御奏者番を上使とす

ハ　其次は參府御暇共に御奏者番を上使とす

此格の隱居は參府の時に限り之を遣はす

ニ　其次は參府御暇共に御使番を以て上使とす

ホ　其次は御暇の時のみ御使番を上使とす

外樣、譜代待遇の厚薄は井伊、松平(桑名)の如きすら(ニ)の待遇に過ぎざるに丹羽、立花にして猶且つ(ハ)の格にあるにても知らるべし

大名中格の高きものにありては其重臣(二人若しくは一人)及歸國御禮の使者に對して一定の禮遇あり

重臣

イ　參府御暇共に將軍に謁見を許さるゝもの

ロ　參府の時にのみ謁見を許さるゝもの

御禮使者

イ　常に將軍に謁見を許さるゝもの

ロ　始めて御暇ありたる時のみ謁見を許さるゝもの

ハ　將軍に謁せず只老中にのみ謁するもの

第六項　獻上　拜領　及音物

献上其他の規定

參府の節諸大名より將軍に獻ずべきもの及御暇の節將軍より拜領すべきもの等は皆其格式により一定せり(獻上物は地方により差違あり其土宜を獻ずるによる)獻上物と拜領物とは略同額のものにして品も差して異ならず其額は至て些少のものにして一万石の諸侯の献ずる所は卷物二銀馬代位にして賜はる所は卷物五位なり伊達家の如きも獻上銀五十枚綿五十把御馬拜領銀百枚卷物卅に過ぎざりき明暦大火の後非常の儉約として獻上物の額を減じ

三十万石以上は　時服金馬代

同以下は　時服二重金馬代

二十万石より十万石までは　時服二重金馬代

九万石より五万石までは　金馬代

五万石以下は　銀馬代

となせしが幾許もなく又前に復せり

又參府の節一定の音物を御老中に贈るの例あり是れ私の贈物にあれど幕府の公認する所にして寛政四年に左の令あり

従者多きに過ぐ

寛政四年十月

近來諸家の面々より御側衆始表向御役人中ゑ參勤其外御禮事等又は年中定式差定り候贈物等仕來之員數より省略致し又は品物甚粗末成も有之由或は一向贈物無之旨相聞候右は一己之音信贈答とは違ひ上に付候勤品の儀候得は左樣にには有之間敷儀候向後前々よりの家格通贈物有之粗畧の儀無之樣可被致候

第七項　從者

在府の藩士及參勤途中の從者の多きは幕府の常に憂ふる所にして每に令して之を減ぜしめたり既に元和元年の武家法度に其事あり次て寛永十二年の武家法度にも

大名小名在江戸交替所相定候也、每年夏四月中可致參勤從者之員數近來甚多且國郡之費且人民の勞也、向後以相應可減少之、但上洛の節者任敎令公役者可從分限事

と云ひ其後法度每に此事あらざるなく其他令を出して之か減少を命したるよ

前後幾回なるかを知らず左れど武を以て相競ふ武家時代にありては供人の多きは一の「見え」として相爭ふて之を增し幕府への屆出こそ小人數なれ實際にありては驚くべきの大數なりき故に正德二年四月各藩留守居への達に曰く

覺

一　諸大名參勤の節召連候人數の事元和元年の御定も有之候處近年以來召連候江戶詰之人數次第に相增し主人並諸家人之者不勝手に罷成候由被聞召候且又諸國居城居所等留守之人數も減し候事旁以不可然被思召候自今以後參勤之節召連候人數分限に應じ其心得可有之候

但其員數之事は追て可被仰出事

以て諸大名が財を傾け國防を薄くしても猶多人數を伴ひしを知るべし次で同年六月左の令を出して大躰の人數の標準とせり

諸大名參勤之節召連候人數定之條々

一　今度御本城大手門始所々御門番所之人數別紙の通御定有之候に付御番所相勤候面々參勤之時は御番可相勤心得を以て家從召連其餘之人數は各其

門番人數

分限に隨ひ可相減少事

一　東叡山增上寺等警固を始都て何事によらず參勤の節公役に相從ひ候時の人數積りは御門番所の人數定に准し可有斟酌事

一　御本城を始所々火之番かねて被仰付置候面々は勿論臨時の火消等被仰付候面々縱貳十万石以上たりといふとも騎馬二十騎に過ぐべからず徒侍足輕等は是に准すべき事

右參勤の時召連候家從の儀大身小身によらず都而御番所人數定に相准し其分限に隨ひ可召連候無用の人數をつかふべからず候且亦此外所領留守之輩等其備怠るべからざる旨被仰出候也

所々御門番人數之覺

大手御門　（十五万石以下十万石以上譜代大名）

給人二十人　侍五人　足輕百人　中間五十人

平日は右の人數に過ぐべからず御禮其外にも出仕多有之時は徒侍三四人も相增足輕相增候とも百五六十人に不可過（下略）

内櫻田御門　（九万石以下五万石以上譜代大名）
給人十人　侍五人　足輕五十人　中間三十人
平日は右の人數に過ぐべからず御禮其外に出仕多有之時は徒侍三四人も
相増足輕相増候とも百人に過ぐべからず（下略）
西丸大手御門　（九万石以下四万石以上譜代大名）
人數内櫻田門と同斷
外櫻田御門　（六万石以下四万石以上譜代大名）
給人五人　侍三人　足輕三十五人　中間廿七人
神田橋御門　（六万石以下四万石以上外樣大名）
和田倉御門
半藏口御門　（共に三万石以下二万石以上譜代大名）
人數同斷
常盤橋御門　（三万石以下二万石以上外樣大名）
給人四人　侍三人　足輕廿七人　中間廿三人

馬場先御門
竹橋御門
田安御門
一橋御門
（共に三万石以下二万石以上譜代大名）

給人四人　侍貳人　足輕廿五人　中間廿八人

呉服橋、鍛冶橋、數寄屋橋、日比谷幸橋は同斷

（以下略）

附言（　）内に書したるは諸御門を守るべき大名の格にして正徳三年四月の定なり

右の令は各藩在府人數の標準を示し是より多く出でざらしめんとしたるものなるが實際は其甲斐なかりき

享保六年に至り直接に諸侯の江戸に置くべき人數を定む

二十万石以上　馬上十五騎より二十騎迄但自分召連候共
足輕百二三十人　中間人足二百五十人より三百人迄

十万石　　馬上十騎　　足輕八十人　　中間人足百四五十人
五万石　　馬上七騎　　足輕六十人　　中間人足百人
一万石　　馬上三騎若しくは四騎　足輕廿人　中間人足三十人
是の令も能く行はれしや否は頗ぶる疑ふべしとす

第七章　地方制度

地方制度

江戸時代地方の制度は各地同しからざれども大凡分て幕府直轄地及諸侯領地となすを得へし而して直轄地は大抵相同しと雖とも諸侯領地は到る所同しきもの少なく只其準據する所は則はち直轄地にして譜代の領地は多く之に似外樣は之に似ると少きの傾ありとす

第一節　幕府直轄地

第一項　江戸

江戸町奉行の管掌

町奉行　江戸市政を統ふるものは町奉行なるとは職制の部に記載せしが猶之を細言すれは町奉行の管掌する所は市中の行政司法一切の事にして王朝の

左右京職東西市司及刑部省、衞門の一部を兼ねたるに同しく其權力の範圍極めて大なるものなり故に此職の人撰は最も愼重なりしものゝ如く古來明敏を以て聞えたる者此職に少からす町奉行屬役として與力及仝心あり

配下

與力は南北町奉行各廿五人を率ゐ其祿各二百石にして上總に於て一万石を以て總與力の食邑とす町奉行の指揮を受けて吟味方、年番方、町會所方、市中取締方、赦帳方、例繰方、牢屋見廻、養生所見廻、町火消、人足改等に課を分ち仝心を率ゐて各其務に服す與力に譜代組及ひ少許の抱組の二種あり等級は五等あり仝心は皆抱にして一代を限りとすれとも父子相受くる場合多きを以て自から世襲の傾あり十二の階級に分つ其食祿三十俵二人扶持乃至廿俵二人扶持となす與力を助けて庶務に服するの外殊に仝心には別に定廻、臨時廻、穩密廻、人足寄場係等の職あり犯罪の探偵には其手先として岡引或は目明等(今の刑事巡査)を役す

町役人

町年寄

町年寄　今の市長の如きものにして町奉行の支配下にあり布令の配布名主の進退を主とし一般の市政に關係す人員は三人にして天正以來樽屋藤左衞門、

名主

奈良屋市右衛門、喜多村源兵衛其職を世にし苗字帯刀を許され御目見以上の待遇を受け其家を役所と稱し三人月番を以て交々奉行所に出頭し町觸に副署し又市中の上水を司るを以て關口、小日向、金杉等の代官を兼ね職俸は日本橋附近に數個所の地面を賜はり平均六七百兩を收む

名主は今の區長にして各支配內各町の雜務を司り町年寄の指揮を受け大抵世襲職にして故ありて之を新選するの場合には支配場の家主より町中の居付地主（土地家屋を併せ有する者）中より撰舉して奉行所に申告し奉行之に任命す故に其免職停職等は町奉行の權內にあるものとす名主は大なるものは三四十町小なるものは一二町を支配し給料は多きは二三百兩少きは二三兩を受け別に沽券書換の手數等を所得とす江戶中名主の總數は享保中二百六十八人ありて之を廿三組に分ち市中を通し四十餘人の肝煎名主（後組合世話掛と云ふ）ありて之を率ゆ

名主は最も直接に人民に關係するものにして布令の配與、土地家屋賣買、改名、紛議の調停、不行蹟の說諭等を司り最も人民の畏敬を受くるものとす然れとも格

式は甚た卑く古町名主は町年寄と略相似たれとも他は只一般人民の上に立つに過きすして一代の苗字帯刀を許さるゝ如きは最も特例とす

名主には草分名主（其祖先の支配場たる町を開きたるを云ふ廿九人あり）古町名主（古來の町を支配するものにして七十五人あり）平名主（尋常の名主にして新開の町及新に編入せる町の名主を云ふ）門前名主（寺社門前地の名主なり）の四種あり前二種を以て格の高きものとす

一般人民
五人組
地主
大屋

一般人民　一般人民は等しく近くは名主遠くは町奉行の支配を受るものなれとも其中又自ら多少の階級あり即ち五人組、月行事、家主、地主等是なり五人組とは王朝の五戸相保と云へる事なほ遺れるものにして町内の家持、家主、五家内外を以て一個の五人組を組織し月次月行事として町内の道路修繕、火の番、訴願の奥印、説諭、罪人の預り等を管る地主は土地所有者を云ひ其町内に住し、土地家屋を有するを居付地主と云ひ甚た人の尊重を得町内の祭禮、道路、消防の費用の大部を負擔す而して是輩の事務を代り辨し其宅地を取締り借地人借家人を世話する者之を大屋若くは差配と云ふ幕府此等の五人組、月行事、家持、地主、大屋を

地方

總して町役人と稱せり而して其外なるは即はち普通の人民とす

第二項　地方

勘定奉行　地方の直轄地を統轄する者は勘定奉行なるとは前既に之を記せり

代官　勘定奉行の配下にあり指定の直轄地に在留し屬役として手付、手代等を役し區域內一切の政治を統ぶ其住する所を陣屋と云ふ

名主の職掌

名主　今の村長の如きものにして村內一切の事務即ち(一)布達の配與　(二)年供等の上納　(三)公共の土木工事の監督　(四)訴訟及不動產賣買質入等の連印　(五)諸帳簿の保管整理　(六)風俗の匡正　(七)村內の經濟及殖產　(八)撫恤　(九)宗門の禁止等を掌る

名主は或は庄屋と稱し一般に村內の舊家之を世襲すれとも或は地方の慣習により官撰なるあり村內の百姓等の撰擧する所を奉行より任命するあり間々一代名主若くは年番名主なるあり所々同しからず左れとも大抵は世襲にして大に勢力あり時としては百姓等と殆んと主從に似たる關係を有する者もありき

村方三役

組頭　名主及後に記する所の百姓代と合して村方三役と稱せらるゝ者にし

て一村に一人乃至六七人あり器量と算筆等の能否により村民之を撰擧して代官に屆け出て以て名主の相談役とし時としては其代理をなさしめ又常時名主の事務の幾分を負擔せしむ任期は或は一年或は數年にして各地全じからず

百姓代（一に長百姓）　一村に一人乃至二三人あり百姓の推薦により名主等諸般事務の相談役たり

以上村方三役の報酬は各地相同しからずと雖とも概して名主は其村高畧百石につき一俵の給米あり又其私有地の租幾分を免せらるゝあり或は特に土地若くは金錢を賜はるあり或は以上諸件の幾分を併せ有するもあり組頭は各村の適宜にして或は一石以内の免租若くは四五兩を賜與せらるゝあり百姓代は村内の豪家なるを以て大抵無給にして間々多少の金錢を與へらるゝもありき

五人組は古五保の遺制にして全國相似たり

五人組　政治上各個人を除き最下位の一單位にして諸制度の上に於て全國到る所制度の相異る中に就き上方、關東、都鄙乃至公領、私領を問はす相違の點少き者は實に此五人組の制度なり蓋し王朝時代に五保の制ありて略全國に行はれたりしが爾來治亂常ならず歳時幾度か移りたれども只此制度のみ或は斷え

或は續き甲地に廢して猶乙地に存し遂に江戸時代に及ひ再ひ事實として全國に行はるゝに至りしは又最も奇と云ふべきなり

五人組帳の要旨

江戸時代の五人組は必ずしも五家を以てせず或は之よりも少きあり或は八九家の多きあれど猶多數は五家を以て一團とし土地の便宜によりて之を組合せ其中一人を選びて判頭(一に組頭)として之に長たらしむ

總て五人組合の關係は各自常に相保護し相檢察し相誡むるにありて組合の中品行の修らざるもの或は職業を怠るものあれば組合中にて之を說諭勸告するの責あり若し組合中より犯罪人を出すときは其罪の種類によりて組合のものは多少、其責に任するとあり又常時吉凶相慶弔するの外田畠の質入、書入の連印等債務上の關係をも有するものにして年々組合の人々連印の上支配役所に差出す五人組帳に記する所の旨趣次の如し

組合相誡めて法度を守り道義を愼みて其職を勉め吉凶相助くると○毎年三月までに宗門帳差出し切支丹宗の者あらは直に官に報ずると○田畠永代賣買御朱印地寺社什物の質入等をなさゞると○衣服住居飲食を質素にし貯蓄を務む

ること○爭論訴訟を愼むこと○賭博を爲さゝること○養子緣組資財分配を重すること○往來及外人の出入に注意すること○寺社を冒さゝること○公の山河林野に濫入せざること○道路、橋梁、水利を注意すること○年貢課役を愼むこと○公安を重すること等

第二節　知行所

旗本知行所は其臣下常時或は臨時に其地方に在留若くは赴きて之を監し名主以下三役及五人組あり以て其地方内を統ぶることと大抵直轄地と相似たり

第三節　大名領地

大名の領地は各同じからざれども大抵左の如き階級を以て統治するものとす

藩主——郡奉行——名主

藩主——郡奉行——代官——名主

郡奉行、代官　此等の職は直轄地の代官と略相似たるものにして藩士中より任命し其支配內を治めしむ但郡奉行の下に代官ある時は郡奉行は廣き區域を治むるものにして二人以上の代官を支配するものとす

名主は直轄地の名主と相似たるものにして或は此上に大庄屋のあるとあり大庄屋とは藩士にはあらざれども其地の舊家豪農等に領主若くは代官より任命し父子相襲きて小なるは數村大なるは數十村の名主の上に立ちて之を治めしむ是を以て其權威甚た重く大抵苗字帶刀を許され士分の格式を有し間々飛地の大ならさるものにありては代官奉行を置かす大庄屋をして之を治めしむることあり又郷倉の存する地にては大庄屋之を預かり備荒貯蓄の務に服することあり

大庄屋は或は總庄屋、割元、大横目、大總代、檢斷と稱せらる

組頭の數は大約百石三人の割合を以て村高によりて人數を一定するもの多く百姓總代と共に管掌する所直轄地と多く相似たり又五人組の制も大凡前に記する所の如し

第四節　城下

各城下には江戸と同しく町奉行あり其下に與力同心ありて司法行政のことを管掌すること亦大抵江戸と異ることとなし

社寺の制度
社寺各自治躰をなす

第八章　社寺の制度

社寺は寺社奉行の管轄にして各社各寺特殊の法令に隨ひ自から自治の躰を備ふ其內寺院に關するもの最も備はれり

神社　伊勢大神宮を特別とし其他德川氏に關係を有するもの古來尊重せられたるものは特別の待遇あれども他は政治上太だ重をなさず大神宮及一般神職に關する法令次の如し

條々(大神宮に關するもの)　寛文五年七月十一日

一伊勢大神宮領之內可爲守護使不入事

附諸法度如先規年寄共可申付事

一、喧嘩口論堅令停止之訖若於違犯之族者双方可罪科事

一、參宮之輩可爲檀那次第事

一、當分參宮之族者兩宮之內可任其志師職之由申之不可差圖事

附兩宮之內師職於無之者可爲參宮人心次第事

一、古來相傳之檀那以才覺不可奪取事

諸社神職條目　寛文五年七月十一日

一、諸社之禰宜神主等、專學神祇道、所其崇敬之神躰、彌可存知之、有來神事祭禮可勤之、向後於令怠慢者可取放神職事

一、社家位階從前之通以　傳奏遂昇進輩者彌可爲其通事

一、無位之社人可着白張、其外之裝束以吉田之許狀可着之事

一、神領一切不可賣買事

付不可入于質物事

一、神社小破之時其相應常々可加修理事

付神社無怠慢掃除可申付事

御朱印地

神社は付屬地あり之を御朱印地と云ふ將軍の朱印を以て其私有を確定したるを以てなり其他附近の地に住居する者を氏子と稱し神事祭禮修繕等に預かり且資用を分擔す

本山本寺は末院末寺を管す

寺院　寺院は各宗、各派により皆本山或は本寺ありて末寺、末院を統率し首尾

相關聯するを以て其内部の事は皆各宗派の本山本寺及各宗の規定先例に任し幕府は多く關渉せず只各宗の爲に各其儀典に由りて寺法を定めて之に附與せしのみ其通法とすべきは左の如しとす

諸宗御條目　寛文五年七月十一日

一、諸宗法式不可相亂若不行儀之輩於有之者急度可及沙汰事
一、不存一宗法式之僧侶不可爲寺院住持事
　付立新義不可説奇怪之法事
一、本末之規式不可亂之縱雖爲本寺對末寺不可有理不盡沙汰事
一、檀越之輩雖爲何寺可任其意從僧侶之方不可相爭事
一、結徒黨企鬭爭不似合事業不可仕事
一、背國法輩到來之節於有其屆者無異儀可返事
一、寺院佛寺修覆之時不可及美麗事
　付佛閣無懈怠掃除可申付事
一、寺領一切不可賣買之幷不可入于質物事

猥に出家するを禁す

一、無由緒者雖有弟子之望猥不可令出家若無據子細於有之者其所之領主代官え相斷可任其意事

御下知條々　寛文五年七月十一日

一、僧侶之衣躰應其分限可着之幷佛事作善之儀式旦那雖望之相應輕可仕事

一、檀方建立由緒有之寺院住職之儀者其旦那斗之條本寺え相談可任其意事

一、以金銀不可致後住之契約事

一、借在家構佛檀不可求利用事

一、他人者勿論親類之好雖有之寺院坊舍女人不可抱置之但有來妻帶は可爲各別事

御朱印地

寺院に御朱印地あることと神社に異らず又出家志望の者に多少の制限を置きたるは注意すべきとなり

宗門禁止

宗敎の禁止　宗敎中禁止せられたる者切支丹宗、三鳥派、不受不施派等あり就中切支丹宗は禁令最嚴重にして年々宗門改あり各戶檀那寺を定めしめ若し切支丹宗を奉ずる者あれば火刑磔刑等に處せられ老幼婦女を問ふとなし

軍事制度

第九章　軍事制度

幕府の常として總ての職員は皆軍人にして一旦事あれば平常文事を職とするものも筆を投して戎劔を手にする者なれとも其内亦自から多少の別あり特に武を以て職に從ふ者あるとは鎌倉以來皆然りとす

将帥

第一節　將帥

征夷大將軍　全國の兵を統率する者は即はち代々の將軍たること素より言を俟たず而して其下にある將士は自から內外の別あり外は諸大名の兵內は即はち旗本等麾下の士にして此別により亦自から將校に差異あり

老中　將軍の命を受け諸侯を統率す

大目付　老中の命を受けて諸侯の軍を監す

若年寄　將軍の命を受け旗本を統率す

目付　若年寄の命を受け旗本を監す

軍三奉行　大目付は軍奉行として監軍の職に從ひ之に旗奉行及槍奉行を加

へて俗に軍三奉行と稱す
使番　平時使者の職に從ふと同しく戰時には傳令を職とす
陣奉行　普請奉行之に任す
小屋奉行　作事奉行之に任す
道中奉行　勘定奉行、大目付之に任し糧食、驛路、人夫等のことを司る
旗本則はち麾下の士には亦二種の別あり一は一般の旗本にして一は將軍に近昵し中軍中の中堅たるものなり後者の中亦種々の別あること左の如し
大番　麾下中先鋒たるものにして弓筒等の諸隊を率ひ其數十二番あり一組凡五十人あり五千石高の者を以て大番頭とし付するに與力十騎同心二十人を以てし戰時には各組に鐵砲頭二人弓頭一人を添へ總體を監するに使番一人を以てす
小姓組　書院番　二者共に最も將軍に近昵する者にして四千石高のもの之を統率し與力、同心の數前者に同し平時遠國に將軍の命を傳ふる者は此職の長たる者即はち番頭とす組數は各十番あり小姓番は始め花畠番と云へり

新番　寛永年間に創置し二千石高の者之を統率し總て八組あり

小十人　千石高の者之に頭たり主として諸番人數の取締に任す

以上五組を五番方或は御番衆と稱し將軍の親衞とす而して其他の旗本は種々職事ある者の外普請、小普請等の諸組に入るものとす

海軍には大阪御船手あり老中の支配を受け五千石以内の者其頭となり與力六騎水主五十人之に付し以て關西の有事の日に備へ江戶には船手頭（七百石高）あり若年寄の支配を受け江戶近海の警備に任ず

幕府の軍職は大略右の如きものにして諸侯の兵制は多少の差異あれども大抵亦之に類似したるものなり而して全體の首尾系統相承くると略左の如し

- 將軍
  - 若年寄
    - 目付
    - 三奉行
    - 五番方
    - 旗本一般
  - 老中
    - 諸侯—家老
    - 大目付

第二節　兵員

幕府は兵數の最少限を定む

兵員の正確なる數は之を詳知し難し何となれば幕府は諸侯旗本等に令するに兵員の最少數を以てするのみにして此數以上の兵を蓄ふるは只過大の兵備をなして幕府の嫌疑を蒙むらざる以上は多數を有する程其人の技倆ある所以にして以て世人にも誇稱したりしとなれば各自競ふて其數を大にしたればなり

幕府定むる所の兵員は祿の多少によりて其準を異にす

一萬石以上　　馬上十騎　鐵砲二十挺　弓十張　槍三十筋　旗三本

　　　　　總人員二百三十五人

十萬石以上　　馬上百七十騎　鐵砲三百五十挺　弓六十張　槍百五十筋

　　　　　旗二十本　總人員二千百五十五人

千石高の旗本　　鐵砲一挺　弓一張　槍二本　總人員二十一人

全國の兵數

麾下の士は俗に旗本八万騎と稱すれども實際は知行所を有するもの二千七百人內外藏米を受くるもの二万三千人內外總數約二万五千人內外にして之に雜卒を加へて十万以上の人員を得たりしなり

全國の兵數は素より明ならざれども祿の多少を通して俗に百石四人と稱した

るより見れは全國二千万石に對し八十万の兵員を擧くるを得たりしなるべし

第三節　出師

天下有事の日將軍親ら軍に臨むの時は勿論其他上洛、日光參詣、等皆出師の準備を以てするものにして此際從軍若くは隨行を命せられたる諸大名は皆兵備を整へて老中を經て將軍の指揮に從ひ其他の諸大名は又各其國内を守備するものとす

江戸城の警備には譜代大名一人を留めて大留守居とし以て後顧の憂を去り更に出征軍の補充及軍需の準備等に任せしむ後太平日久しく親征は勿論上洛及日光參詣の事廢れてより此職は只一個老人の閑職となり了れり

事小にして將軍出馬の要なきときは或は老中、若年寄、若しくは目付、使番等事の大小により中央職員中より箇派して附近の諸侯の兵を帥て不逞を征せしむ

第十章　交通制度

德川氏天下を一統すと雖とも封建制度の常として大小の諸侯は各其領地を私

道中奉行

有し其意の儘に之を統治することとなれば全國に通したる交通の制度の如き素より完美なるを得ざるのみならず幕府すら一方に交通の便益を計りつゝ他方には所々に關を設け又故らに橋渠を架せずして防備の必要により交通の沮害を看過する如き有樣なれば況して各私領地等に於ける交通の不便は實に云ふ計なかりき左はれ是を以て豐臣、足利、北條より更に遡りて平安朝の所謂劃一政治なるものに比するも德川時代の大に進歩せるとは寧ろ霄壤の差のみにあらざるなり只之を不便なりと云ふは今日に比しての言にして古來未だ甞て江戸時代の備はれる如きはあらざりしなり

第一節　職司

幕府は其始別に交通に關して職司を定むることなく只奈良屋市右衞門、樽屋三四郎の二市民に命して驛路一切の事を管らしめしが慶長十九年始めて五味籐九郎を以て御宿奉行とし路次驛傳のとを司らしめたり是を交通職司の最早きものとなす後万治二年道中奉行を置き大目付高木伊勢守守久をして之を兼任せしめ爾來例となりて大目付之を兼ねしが元祿十一年勘定奉行亦之を兼ねし

かば是より勘定奉行大目付の兩職各一人道中奉行を兼ぬることとなれり

第二節　往還

五街道

總て江戶を以て交通の中心となし江戶より各地方に通する東海、中仙、日光、奧州、甲州を五街道と稱して第一の要路とし其他を以て皆脇往還となせり

織田時代より時々行はれたりし一里塚の築造を全國に及ぼし以て里程を明確にして更に寳曆年中各驛傳に命して路傍に並木を植ゑしめ以て行旅の難を減じ或は丘を夷し道を廣くし橋梁を架する等道路の進步前代に比して頗る著しきものありしが猶幕府自衞の政略上故らに交通不便を存するものあり即はち箱根の如き關所大江川の如き徒涉等是なり

第三節　驛傳

驛傳

慶長六年品川を以て驛傳となし五千坪の地子を免して三十六疋の傳馬を備へしめしは江戶の驛傳の始にして五街道を始とし脇往還の主なるもの亦二里乃至五六里に驛傳あり必す定數の人夫馬匹を備へ公人の往來に備へたり

人夫駄馬の定數は時々變更して必しも同しからず又往還の大小によりて不同

驛傳の保護

あれども品川の如き馬三十六匹に始まり後には百八百疋の多きに達せり又擔駕の量も時々小變更あれども大抵一夫の擔量十貫一駄の駕量三十貫乃至四十貫を準とすべく其賃錢は時價により相同しからず

驛傳は幕府より極めて厚遇せられたるものにして其田租を免し更に飼馬の地を賜ひ繼飛脚給米及問屋給米等を與へ加ふるに水火風雨其他種々の事情あれは直に公の保護を受くるものにして品川一驛の寛永以後五十餘年間に得たる保護金は合して金七千餘兩に登れりと云ふ

驛傳の事は上に勘定奉行、大目付等の管掌するとありと雖とも日常之を處辨するものは此等の職司にあらずして實は奈良屋、樽屋の二人にして傳符を與ふるは此二人の權力にありき而して各驛又其長ありて驛內傳馬人夫を管轄せり

第四節　助鄉

助鄉

驛傳は元來公用に備へたるものにして其餘裕を以て士庶人の交通に便したりしが世運漸く進歩して交通益盛なるに及ひ限ある驛傳を以て到底一般の需要に應ずることを能はざるに至りしかば元祿七年始めて各驛附屬助鄉の制を定め

て一般の用に供せり蓋し助郷の起源は猶古きものにして幕府の初年中仙道の驛傳未た完備せざるにより暫く沿道領主、代官及郷村に課し知行高百石每に人夫一人高百六十石每に傳馬一匹馬丁一人諸郷は一年六人六疋を出さしめたるに起源し寛永元年中仙道太田川の郷村に助郷船を徴したるより始めて助郷の名あり此後助郷の制各街道一般に行はれ元祿七年を以て各驛附屬の助郷區域を劃定せり

助郷の苦艱

助郷には定助郷及加助郷の二種あり定助郷は宿驛の近傍一二里內の諸村を云ひ加助郷は五六里以上十里內外の地を云ふ若驛傳足らざることあれば先つ定助郷に課して其助をなさしめ猶足らざることあれば始めて加助郷を徴するの法なれども各宿驛皆專橫の擧動多く一に自己の負擔を輕くせんが爲めに行人貨物等も利多きものを撰びて之を運送し利少きものは之を定加の助郷に任し甚しきは驛傳を使役せずして直に助郷を徴發する等のことありて宿驛附近の郷村の苦艱最も甚しかりき

第五節　通信

繼飛脚

無賃

紀州藩の七里飛脚

私立の三度飛脚

當時通信には種々の類あり一は幕府の用に供せんが爲めに自から設くるもの一は人民私に設くるもの是なり

繼飛脚　幕府自から設くるものにして各驛に繼飛脚米を給し常時飛脚を備へしめ通信の要あれば各驛飛脚を繼て之を發するものなり其要する時間を定むると畧次の如し

伊勢山田まて　三十一時　急行二十七八時

大阪まて　四十八時

京都まて　四十五時　急行四十一時

更に急行するものを無賃と稱し京都まて二十八時乃至三十時となせり

七里飛脚は紀州藩の備ふる處にして江戸に至るの間約七里毎に一小舍を設け飛脚を配置し信書を送發せしめしが文政年中之を廢せり他の諸侯亦多くは各自通信の方法を設けしが七里飛脚の如く完全なるものはあらざりき

人民の私に設けたるものは三度飛脚なり始め元和年中大阪城番の士東海道各驛の長と謀り其家隷を飛脚とし毎月八の日を以て之を發せしより三度飛脚の

爲替

名ありしが後大阪の商估其庇蔭を受け名を之に假りて通信を業とするものありき後寛文年中三都の商賈相謀り先つ大阪城番の庇蔭を謝し新に町飛脚問屋抱宰領と稱して賈人の旅裝をなして書信及輕量の貨物を運送し江戸に至れば旅店の前に莚席を敷き書信貨物を陳列して宛名人の之を受取るに任す而して此地の人亦其出發の日を聞き又書信等を依賴せり此の東海道行程六日を要するにより世人之を定六と呼びしが後大阪町飛脚發行日を一定し毎月二の日を以てせしかば人又之を三度飛脚と稱せり

大阪町飛脚は私人の通信業の用始にして爾來此例に倣ひ西國、中國、東國、北陸又各其業を始め且つ畧相聯絡して以て大概全國樞要の地に通じたり

民間爲替事業は寛文十一年大阪江戸商估等各自銀百枚を醵したる手板組を初め漸く國內に行はるゝに至れり斯く人民一般の通信運輸爲替等の事業は全く人民に任し幕府は必要によりて時々之を保護するのみなれ共時を經るに隨ひ次第に發達し當時の形勢に對しては左して不便を感ずるともあらざりしが信書金錢の飛脚貨物の宰領等間々盜賊の難に遇ひ發送受取の人民に不幸を來す

こと甚た稀ならざりき

第六節　關

幕府は諸侯の關所を設くるを禁したれども幕府自身は關八州内街道の要所に之を設置し以て防備警察に備へ或は特に職員を派し或は其他の諸侯代官等をして之を守らしめたり即はち左の如し

國々御關所の覺附勤番之衆（寛文元年八月朔）

一、相州箱根	小田原城主	大久保隱岐守
一、豆州根府川		同上
一、遠州今切	吉田城主	牧野備前守
一、信州福島	尾州御用人	山村甚兵衛
一、信州碓氷	上州安中城主	内藤山城守
一、信州横川	越後高田城主	戸田能登守
一、越州木戸（上州大戸？）	上州高崎城主	松平右京大夫
一、越州（上州？）杢ヶ橋	代官	江川太郎左衛門

一、上州小佛　　同上

一、下總關宿　　總州關宿城主　久世大和守

一、奥州房川渡　　代官　伊奈半左衞門

一、上州新鄉川俣　　忍城主　阿部飛驒守

一、金町杉戸　　代官　伊奈半左衞門

一、猿ヶ原　　代官　雨宮勘兵衞

一、小岩市川　　代官　伊奈半左衞門

一、大笹　　代官　雨宮勘兵衞

此內箱根を最要とし上使及繼飛脚の外夜間の通行は一切禁止せり此外一般に通する關所通行の令は次の如し

定　箱根（其他の關も大抵相似たり）　寛永十三年八月二日

一、往還之輩役所之前にて笠頭巾をぬき可相通事

一、乘物にて通候者乘物戸を開かせ可相通女乘物は女に見せ可通事

一、公家御門跡其外大名高家之衆往還之刻は前廉より其沙汰可有之間不及改

但不審之事有之は格別之事

關所通行者は一々檢せらるゝ者なれとも特に婦女は嚴重にして其通行手形を受くる所一々定まれり

第十一章　司法制度

德川氏二百餘年の天下は最も無事太平を極めたれば此間社會の發達は頗る著大にして從來割據的なりし交通商業は江戶を中心として畧全國の間に行はれ世の靜謐なるに從ひて諸般の契約大に其步を進め債權務の關係は漸く精細なる區別を必要とする等の外或は武士と云ひ或は町人百姓と云ひ社會上幾多階級の差別あるよりして相互間權利の異同等世事の複雜は之を前時代に比すれば實に非常なるものなれば民事並に刑事上の制度は事實上頗ぶる整頓せるものあり只簡易を旨とする武家政府の常として其成文に表顯したるもの少きが爲めに表面上は制度燦然たる王朝時代に遠く及はざるの觀あるのみ

斯く進步せる司法制度を詳說せんことは到底此小册子に於てすべきことに非

るが上に賣買質入貸借其他の契約等債權務に關する事は大抵今日と全じくして必ずしも之を細説するの要なきを以て茲には單に當時代の法律裁判所の構成及管轄訴訟手續並に民事に關しては婚姻、養子、相續及土地所有權刑事に關しては其梗概を記して此章を終らんとす

第一節　法律

身分により法令を異にす

江戸幕府も亦從來の武家政府の如く民をして賴らしめ之をして知らしめざるの方針を取りて刑律は概して之を公布せず總て之を司法官の裁斷に委任せり然れとも苟も敎へずして之を刑するは治者の爲に非るを以て幕府は上諸大名より下庶民に至るまで或は法度或は觸書高札等を以て之を爲せ之を爲す勿れの二事は殆んど漏す所なく之を訓諭せり而して此等の訓諭は其人に由りて異ることを次の如し

公卿　　公家法度及び時々の訓示
諸侯　　武家法度及び時々の訓示
武士　　諸士法度及び時々の訓示

禁令を知らしむること極めて丁寧なり

刑の輕重を知らしむることなし

家光法律編纂を止む

庶民　高札及び觸書並に五人組帳に載する敎令

神官僧侶　社寺宗派各自に其敎令あり

庶民の法を知らずして之を犯すは最も愍むべきを以て幕府は法令の普遍に留意し每々領主、代官を誡め配下の名主をして村內の人民を集めて之を讀み聞せ更に婦女子にも解し得る程に之を細說せしめ又は法令を法帖となし手習師匠をして其弟子に習はしめ或は事の急なるものは名主村役人等をして人を派し戶に就きて之を聞知せしむる等の手段を以てせり

前既に記するが如く爲せと爲す勿れとは幕府の公に示す所なれとも之に反する者は何の刑罰に處すべしとは則はち其秘する所なり其意蓋し人民をして刑の輕重を知らしむるは却て各法を量りて惡を遂けしむる所以なりと謂ふにあるなり而して幕府の始に於ては啻に之を公布せざるのみならず之か內規を定ることだも敢てせざりき嘗て長く町奉行の職に在りたる島田某將軍家光に言上するに後の奉行の參考として己經閱せる裁判の先規を蒐錄せんことを以てしたるに家光之を止めて曰く犯罪の種類誘引は千差萬別にして何時如何なる

罪を生すべきや知る可らず之が例規を定むるは偶ま當事の奉行をして裁斷に踟蹰せしむるに過ぎずと此一話以て幕初當時の刑法に對する意見を窺ふべきなり

吉宗寛保律を作る

刑法に對する此意見は久しく懷抱するを得ざりき蓋し事の漸く繁きに隨ひ仝一の犯罪屢々起り或は新犯罪の生するに及び奉行之か判決に苦み乃はち多く先規を案ずる要あるも之を一々參照せんことは單に手數を加ふるに過ぎざるを以て茲に刑法類纂の要を生じ遂に八代將軍の時三奉行に命し四代將軍以來評定所にて保管したる先規と將軍の命令と新評定とによりて刑律の骨子を作らしめ寛保二年に之を完成す所謂寛保律なるもの是なり

御定書百ヶ條

此後寛政年中松平定信輔佐の職にあり寛保律を補正加除して寛政更張政典を編纂す其內容多く寛保律と異らず總て百二條あり世に御定書百ヶ條と稱するもの即ち是なり

御定書百ヶ條は其中往々裁判の順序方法をも記載すれども要するに刑法の書にして幕府刑事上の判決は主として之に則れり然れども其條文僅々百餘條に

して到底一切の犯罪を網羅すべからざるを以て他は皆評定所、奉行所の記錄及び司法官の判斷によれり

御定書百ヶ條は又之を公にせず單に奉行等法官の參考に供し其適用は主として庶民、僧尼等にあり武士以上には別に刑法書の編纂あらざりき

御定書百ヶ條は勿論其他法度觸書等一切の法令は其精神一に仁義忠孝の道義にありて最も上下貴賤の序に重きを置けり故を以て百ヶ條中にも刑法と訓誡とは極めて密接の關係あり又訴訟の上に於ても或る特別の場合を除きては原則として臣の君を訴へ僕の主を訴へ或は子の父を訴ふるを禁し又君父に於て多少不道理の事あるも或は之を默過すると決して珍となさゞるなり而して此道義の終極は即はち將軍にして一般人民は大名庶人を問はず直接間接に將軍の爲に盡瘁し將軍の命令に默從すべきと是當時代立法の精神なりとす

第二節　裁判所の構成及管轄

裁判所には二三の等級あり今初級のものより始めんとす

名主宅所謂名主の玄關は或る場合即はち民事上の勸解並に諍鬪等の重大なら

ざるもの丶和談等は大抵玆に於てするものにして一種裁判所の作用をなすものなり然れども事は單に和談勸解に止まりて判決の權なきとなれば嚴正に云へば素より裁判所にはあらざるなり

三奉行の管轄區域

奉行は寺社、町、勘定共に各支配內の訴訟を判斷するものにして各自役宅內に審問判決を行ふものとす其支配とは次の如し

寺社奉行　寺社　寺社領所謂御朱印地　關八州內の私領即ち大名領地旗本知行所

町奉行　江戶市中

勘定奉行　關八州內の御領　關八州外の御領

右は土地より區別したる一般の管轄區域にして此內多少の除外例あり即はち江戶市中にある寺社領、寺社門前地、境內借地等に關する訴訟は町奉行之を管し山城、大和、近江、丹波四國內の訴訟は京都町奉行和泉、河內、攝津、播磨四國の訴訟は大阪町奉行に五街往還內の訴訟は一切道中奉行に、外國に關することは長崎奉行に付して判決せしむ但し此等の場合は原被兩造同一管區內にある時のみにして若し他の管轄地と關係ある時は更に其正しき形に從ふものにして又寺社、

身分に依り管轄を異にす

町、勘定三奉行中二以上に關係あるものは次に記する評定所に於てするものとす此外關八州内公私領に關する訴訟は其事件の性質主として公領に關するものは勘定奉行私領に關するものは寺社奉行とし其何れを主とすべきか定め難き時は關係者の村數村高人口の多少に隨ひ更に此區別も困難なるときは公領に重を置き勘定奉行の支配とす

右は土地より分ちたる區域にして更に願人の身分に關して左の區別あり

其一　宮方、堂上、寺社の臣は寺社奉行に屬す

其二　諸藩士の現に江戸居住の者は町奉行に屬す

其三　御家人は亦町奉行に屬し公領の役人關所番は勘定奉行に屬す

其四　僧侶は小事は其本寺にて判し大事を以て寺社奉行に訴ふ

其五　檢校、勾當等は其居住地武家の邸内にあれは寺社奉行町方にあれば町奉行在方にあれば勘定奉行とす

其六　穢多、非人は團左衞門配下は町奉行其他は居住地によりて管轄を異にす

其七　巫女、太神樂等は其職に關しては寺社奉行一身に關しては居住地の管轄

に從ふものとす

評定所は幕府裁判の最高府にして其管轄する所は三奉行管轄の特に重大なるもの三奉行中二者以上に關連するもの及其他の重大なる事件を裁斷す

評定所に列すべき人員は職制の部に記したれば茲に省畧す

右に記したるは一般の訴訟にして此外或は堂上或は諸侯等に關したる事躰の太だ輕からざるものは老中、若年寄等以下の合議及更に進みて將軍の直裁を要するものとす

第三節　訴訟手續及判決

訴訟の數を少からしむるは幕府の方針にして勸解調停を以て名主村役人の一職分となし先つ人民にて起訴せんとする時は名主、村役人等一應之に和談を勸め應ぜざれば五人組の承諾を經て之を奉行所に起訴す此際奉行は更に訴狀の裏面に双方家主、五人組、名主等立會の上熟議を遂け七日にして猶決せざる時は再び訴へ出づべし云々の文字を記して一應之を却下し愈和談の成らざるに及び始めて之を受理するものとす

訴訟の受理すべきと却下すべきとを區別すると左の如し
遠國奉行支配地より私領に對するものは代官地頭の承認あるものに限り受理す
地頭に對する訴訟は地頭の承認あるものも之を却下す
公領百姓の訴訟は其地支配人の添狀あるものに限り之を受理す
寺社對領主の訴訟は一度地頭に申達し猶不調なる時に始めて之を受理す
百姓對寺社の訴訟亦之に同し
却下せられたる訴訟を再ひするものは之を却下し其種類により或は過料を付す
管轄違の訴訟は之を却下し正當の管轄廳に訴へ出しむ
評定所に直訴する者は當該の奉行所に訴へしむ
總て臣の君に對する子弟の父兄に對する訴訟は概して之を却下し君父兄の意に任せしめ只非法の甚しき者に限り之を受理す而して此際にも原告は多少の罪科を受くるの覺悟あるを要す

此外の場合は夫々規定する所あれども繁に過ぐるを以て省略す

吉宗目安箱を設く

直訴越訴は一般に禁する所なれども無告の窮民或は寃枉に陥らんことを恐れ八代將軍の時目安箱を評定所前に設け庶民に限り(一)諸役人私曲非分あるとき(二)訴訟の結果は幕府及公の爲となるべきもの(三)訴訟遲滯するにより一應直訴を當路に申告したる者は自から此箱に訴狀を投入せしめ毎月定日將軍親しく之を開き其訴訟を受理し以上の條件に合せざるものは之を焚却す

裁判は初判の奉行主任となり双方の訴狀口供證據により刑事には證據備はりて尙實を吐かざる者には拷問を用ひ以て審問を終りて後評定所は合議奉行所は其意見により先規慣習及道理に據りて判決を下すものとす

評定所執務に關する規定は左の寶曆元年十一月に定めたるを主なるものとす

評定所の規定

定

一、寄合之式日毎月二日十一日廿一日諸奉行之立合四日十三日廿五日但公議之御用於有之者可爲延引事

一、寄合所へ評定衆式日は卯刻半時立合は辰刻半時致出座御用隙明次第可有

退散事
一、評定衆へ役人之外一切不可參勿論音信停止之事
一、公事人に介添は老人若輩幷病者之外停止之事
一、公事訴訟に罷出者縱雖御直參之輩刀脇指を帶すべからざる事
一、公事人雖爲親類緣者知音之好身於寄合場評定衆不可取持事
一、遠國より來る公事人は在江戶久敷次第に可承之當地之公事人は其日之帳面之先次第可承之但不承して不叶儀歟又急用者格別事
一、公事人へ不審申懸儀其筋之役人可勤之勿論惣座中よりも無遠慮存寄之通可申候事
一、公事裁判以後其筋之役人裁斷之始末可被致留書事
一、公事其日に落着無之儀は重て寄合致され其上に不相濟儀者相談之上可致言上事
一、役人宅にて承之公事訴訟評定所へ可出儀於有之は證文證跡相揃寄合所へ出し無滯樣可被致事

一、預者長々不差置之急度遂穿鑿可濟事
一、裏判幷召狀を請遲參之者は其所之遠近を考へ日數を積應輕重可爲過科事
右條々可被相守之者也

右に云ふ所式日に二種あり二日十一日廿一日は老中以下諸員參列し他の三日は老中を除きて皆出席す是れ別に輕重ありて然るに非るなり

第四節　民事法

第一項　婚姻

第一　結婚

結婚は身分によりて全しからず一萬石以上は將軍の許可を要し其他士分以上は老中、若年寄以下總て上位の承認を要する者にして一般人民は地方により多少の差異あれとも大凡婚姻の式終り口上にて名主、町役人等に屆出宗門改の時戶籍面に送籍の旨を記入するものとす而して屆出の時期は地方により或は里歸り或は三月或は出產等相全しからず又婚姻の式には媒酌結納尊族の承認を要すれども法律に反せざる限は必ずしも是等の條件を問はざる場合多しとす

離婚

重婚

妾の公認

夫婦同財

第二　離婚

離婚は夫の隨意にして妻の財產を返せば別に條件を要せず只自筆の離緣狀を附與するを必要とせり妻は次の塲合を除くの外自から離婚を求め或は離婚を認めらるゝことなし

夫の重罪を犯したる時

夫失跡して十箇月間音信なき時

夫の家を去り尼寺に入りて三ヶ年間以上尼となりたる時

夫の家を去りて親元に歸り三四年間夫より訴出なき時

第三　重婚

重婚は夫婦共に禁する所にして妻其親元に居るも猶離緣狀を得ず且親の承認を經すして他に嫁すれば即はち罪あり只夫の妾を蓄ふることは公に之を許可したりき

第四　夫婦財產上の關係及離婚後の出產

夫婦異財は認むる所にあらず婚姻の繼續中は夫は婦の財產を隨意に處分する

を得べく離縁の時婦に缺點なき時は之を返却すべく缺點ある時は夫の所有に歸すべし而して夫の刑死或は逋走等に於ては夫妻の財産は條文に沒收の文字なき限り妻の所有とす

夫死して後寡婦他に再嫁する時先夫の遺財名蹟は先夫の血緣に讓與すべし離婚後出產あれは男子なれは夫に附し女子なれば婦に附すを通例とす但し妊娠の事は離婚後三ヶ月以內に明なるを要す

第二項　養子　相續

相續　長子相續

相續は長子相續にして男女何れを問はず只男子は女子よりも重んぜられ長女を措きて其次なる男子を以てすると多し若し女子後を受くる時は家名財產共に其夫にて相續するを常とせり

養子は公に認むる所にして養父生前に之を繼嗣に撰定すれば實子たりとも之を爭ふことと能はず又養子一度家出して養父死するの後戾ることあるも跡式を受くるを得ず

繼嗣なき場合

父繼嗣を定めずして死すれば血統の近き者之を受くるを常とし大凡母の意見

によるべく母なきときは祖父母の意見による父重病に臨み一判の譲状は無効にして縦令重病に際せざるも長子を故なく廢して他の子に譲らんとする遺言状は其効なく若し其状確實なれば有金の七分を長子に三分を指定せる子に家財田畑は長子の有たるべし

養子は血縁より撰定するを常とすれども一般人民は別に法律を以て定むる所なし只武家に於て極めて嚴重なる規定あり

幕府の初世に於ては士の養子は(第一)血縁ある者(第二)五十歳以上の者は死に臨みて養子するを得ず(第三)五十歳未滿は末期の養子を許す(第四)五十歳以上の者養子を定むるを可とす等の規定あり此等の規定に反し主死して繼嗣なく家の斷絶せるもの最上家等の大諸侯を始として其數頗ふる多し

幕府の中世享保元年二月右の規定を寛ふし五十歳以上と雖も急病に罹りたるものは末期の急養子を許すことゝなし仝四年には養子は必ずしも同姓ならざるを許せり是より養子のこと極めて寛となり是故を以て斷絶する者始んど無きに至れり

第三項　土地

土地と人民と相終始す

一、土地と人民　武士は浪人たらざる以上は諸侯、旗本等總て其君に附從すれども人民は其住地と終始する者にして諸侯、旗本等の其地を支配する限は之が命を奉ずれども他の諸侯、旗本來りて之に代るあれば又新來の君主に從ひ故主と共に移動することなし

土地の永代賣買を禁ず

二、賣買　質入　社寺に屬する田畑は一切賣買質入を許さゞれども一般人民には其隨意とせり然れども永代賣買は嚴に禁ずる處にして一時賣買するも異日其資を償ふを得ば之を取戻すを得せしめ犯す者は賣人、買人、加判、名主、證人皆罪あり是法蓋し百姓の地を失ひて困難せんとを防がんが爲にして新開田畑等未だ高請なきもの及浪人の所有の田畑は永代賣買を許可せり質入に關して御定書百ヶ條中詳細なる規定あり大抵十箇年を以て期となせり

土地に關する訴訟

三、土地に關する訴訟　賣買質入等私人間の訴訟は其筋の奉行にて裁斷すれども國境郡界等の訴訟は評定所の處決を受くるものとす凡そ幕府には老中にて保管する御國繪圖ありて最も重きをなす者なれば境界訴訟には原被兩者を

して提出せしめたる繪圖と參照し以て老中加判三奉行連署して裁決を與へ若是等の繪圖にて判明し難き時は特に御番衆代官等を派して實地を調査せしむ此檢使派遣に當りては原告被告をして檢使に偏重の待遇なきを誓約せしむ田畑山林等の訴訟にして繪圖書面にて判明せざる者は代官手代等を派して調査せしむ

總て土地界境に關する證據は御朱印、讓狀、古證文、古水帳、地頭より出したる書類等の疑點なきものを採り私書及社寺緣起の類は採用せず國、郡山林の境界以上の證據及實地の調査にて决し難きは大凡左の通則による

境邊にある山脈の嶺通谷間見透の線　境界を流るゝ川の中央　道路

漁業上河海の爭は左の通則による

河は付寄次第其中央を界とす(國郡境は付寄によらず)　海は地付次第にして沖合にては共同たるべし　入海は兩側より海の中央線を界とす　河海等に入會場(共同)を許したるものは別に國郡の界を付するを得ず

第五節　刑事法

刑事の標準は專ら道義と幕府の維持とにあり特に後者の必要より殆んど審問を經ずして處罰すること尠からず而して此等の宣告は明に犯罪を示さず單に不屆不穩等の文字を用ふるを常とし間々言を他の小事に托するものあり獨り犯罪を數へ處罰の旨趣を明にするは前者特に一般人民に對してのみなり

刑罰は犯罪人の身分により種類を異にすると次の如し

普通人民の處刑は死刑を最重とし遠島、追放、敲、手鎖、閉戶、過料之に次ぎ叱責を最輕とす而して其內又種々の等級あり

死刑
- 斬罪
- 火刑
- 獄門
- 磔
- 鋸挽

斬罪を輕とし鋸挽を重とす

遠島
- 伊豆七島
- 薩摩五島
- 天草
- 隱岐
- 壹岐

伊豆を輕とし壹岐を重とす

追放
- 所拂
- 江戶拂
- 江戶十里方拂
- 輕追放
- 中追放
- 重追放

所拂を輕とし重追放を重とす

敲
- 輕　五十以內
- 重　百以內

- 手鎖
  - 三十日
  - 五十日
  - 百日
- 閉戸
  - 二十日
  - 三十日
  - 百日
- 過料
  - 輕　三貫以上五貫以内
  - 重　十貫文以下
- 叱責

仝附加刑　晒　入墨　闕所　非人手下

別に再犯の嫌あり且籍なき者は寄場人足として佐渡、佃島等に役す

僧侶の附加刑には左の種類あり

- 晒
- 追院
  - 追院
  - 退院
- 構
  - 一派構
  - 一宗構

婦女には特の左の二刑あり

- 剃髪
- 奴

武士には左の附加刑あり

- 逼塞
  - 遠慮
  - 慎
  - 逼塞
- 閉門
  - 五十日
  - 百日
- 蟄居
  - 蟄居
  - 蟄居隠居
  - 永蟄居
- 改易
- 切腹

武士の正刑には死刑、遠島、追放あり只敲を缺く

縁座　罪の重き者は父子、兄弟、夫妻相縁座すると各差あり

赦　將軍家の吉慶事により赦免を行ふ其範圍必ずしも一定せす

日本法制史　終

明治三十三年五月廿六日印刷
明治三十三年五月廿九日發行

（日本法制史並製）
定價金參拾五錢

著者　東京市日本橋區本町三丁目八番地　三浦菊太郎
發行者　東京市牛込區市ヶ谷加賀町一丁目十二番地　大橋新太郎
印刷者　東京市牛込區市ヶ谷加賀町一丁目十二番地　佐久間衡治
印刷所　東京市牛込區市ヶ谷加賀町一丁目十二番地　株式會社秀英舍工場

發兌元　東京市日本橋區本町三丁目　博文館
電話番號　營業用本局三百三番　編輯用本局千十八番

法學士　永井惟直君著（第四十七編）

政治汎論

著者永井法學士、嶄新の學理と精密なな考證とを以て、近世の諸大國に涉りて、其政治制度を研究し、以て此書を著せり。書中載する者世界各國制度の沿革より、現行の憲法、行政法、地方制度に及び細大漏すなく、然かも記事簡潔、論評犀利、實に座右に缺くべからざる良冊子なり。

▲並製　正價卅五錢　郵稅八錢
▲上製　正價五十錢　郵稅十錢

文學士　坂本健一君編（第四十八編）

日本風俗史

民人文野の別は、風俗の純雜に現し、社會隆汚の運は、世風の張弛に觀るべし。彼奢泰の世相、緊肅の時態と表裏し、文華質美交替し來れる、新風舊俗の推移は、豈社會の眞相にして、國家盛衰の運の繫るところに非ずや、此書我國風俗の沿革を叙して、敢て其詳を盡すといはざるも、茫々上下三千年間、大局の趨勢を示すに意を致し、兼て略部分の細を析く、古人曰く民俗土宜眞學問と、乞ふ擾々たる權勢爭奪史外、別に國民全般眞意俗の開展を記する、史界の半面あるを見よ。

▲並製　正價卅五錢　郵稅八錢
▲上製　正價五十錢　郵稅十錢

法學士 菅原大太郎君著（五月十日發行）

第四拾九編 運送法

凡そ文明の進歩は交通機關の完備に供ふ交通機關完備し交通愈よ頻繁となれは交通に關する諸種の錯綜せる權利義務を生ず運送法なるものは此關係を規定せるものなり著者專ら英國の運送法原則を論述し加ふるに本邦の運送法律を對照研究せん爲め本著を公にせり

文學士 十時 彌君譯（五月廿五日發行）

第五拾編 社會學

社會進化して文明發展し、文明發展して社會の問題勃然として興る、輓近社會研究の機運日に其盛を加ふるもの亘に以ゐるなり本書はフェーアバンクス氏の原著により社會の本質を闡明し社會の活動を詳述し社會の進化を研覈し、明確適切炬を用ゐて暗を照すの概あり。

帝國百科全書既刊目次

●第一編…世界文明史…高山文學士著
●第二編…日本新地理…佐藤理學士著
●第三編…東西洋倫理學史…木村鷹太郎君著
●第四編…肥料學…木下農學士著
●第五編…宗教哲學…姉崎文學士著
●第六編…新撰算術…高木理學士著
●第七編…農產製造學…楠農學士著
●第八編…萬國新地理…佐藤理學士著
●第九編…支那文學史…笹川文學士著
●第十編…農業汎論…恩田農學士著
●第十一編…修辭學…武島文學士著
●第十二編…論理學…高山文學士著
●第十三編…栽培汎論…横井農學博士著
●第十四編…植物營養論…稲垣農學博士著
●第十五編…邦語英文典…畔柳文學士著
●第十六編…法律汎論…熊谷法學士著
●第十七編…新撰代數學…高木理學士著
●第十八編…地質學…佐藤理學士著
●第十九編…新撰幾何學…林理學士著
●第二十編…森林學…奥田林學士著
●第廿一編…民法親族編相續法釋義…上田法學士著
●第廿二編…國際公法…中村法學士著
●第廿三編…國際公法…北條法學士 熊谷法學士著
●第廿四編…倫理學…蟹江文學士著
●第廿五編…日本歷史…木寺文學士著
●第廿六編…民事訴訟法釋義…梶原法學士著
●第廿七編…法理學…丸尾法學士著
●第廿八編…日用化學…井上農學士著
●第廿九編…商法汎論…添田法學士著
●第三十編…民法總則編物權編釋義…丸尾法學士著
●第卅一編…財政學…笹川法學士著
●第卅二編…西洋哲學史…蟹江文學士著
●第卅三編…日本帝國憲法論…田中法學士著
●第卅四編…近世美學…高山文學士著
●第卅五編…哲學汎論…藤井文學士著
●第卅六編…商工地理學…永井法學士著
●第卅七編…提要造林學…本多林學博士著
●第卅八編…商業經濟學…清水法學士著
●第卅九編…氣候及土壤論…佐々木農學士著
●第四十編…最新統計學…夏秋法學士著
●第四十一編…西洋歷史…吉國文學士著
●第四十二編…分析化學…藤井理學士 内藤理學士著
●第四十三編…民法債權編釋義…丸尾法學士著
●第四十四編…稅關及倉庫論…岸崎法學士著
●第四十五編…東西洋教育史…中野文學士著
●第四十六編…政治史…森山法學士著
●第四十七編…政治汎論…永井法學士著
●第四十八編…日本風俗史…阪本文學士著
●第四十九編…運送法…菅原法學士著
●第五十編…社會學…十時文學士譯
●第五十一編…日本法制史…三浦文學士著

日本法制史　　日本立法資料全集　別巻 1151

平成29年４月20日　　復刻版第１刷発行

著　者　三　浦　菊　太　郎

発行者　今　井　　　貴
　　　　渡　辺　左　近

発行所　信　山　社　出　版

〒113-0033　東京都文京区本郷６-２-９-102
モンテベルデ第２東大正門前
電　話　03（3818）1019
ＦＡＸ　03（3818）0344
郵便振替　00140-2-367777（信山社販売）

Printed in Japan.

制作／(株)信山社，印刷・製本／松澤印刷・日進堂

ISBN 978-4-7972-7261-1 C3332

別巻　巻数順一覧【950～981巻】

巻数	書　名	編・著者	ISBN	本体価格
950	実地応用町村制質疑録	野田藤吉郎、國吉拓郎	ISBN978-4-7972-6656-6	22,000円
951	市町村議員必携	川瀬周次、田中迪三	ISBN978-4-7972-6657-3	40,000円
952	増補 町村制執務備考 全	増澤鐵、飯島篤雄	ISBN978-4-7972-6658-0	46,000円
953	郡区町村編制法 府県会規則 地方税規則 三法綱論	小笠原美治	ISBN978-4-7972-6659-7	28,000円
954	郡区町村編制 府県会規則 地方税規則 新法例纂 追加地方諸要則	柳澤武運三	ISBN978-4-7972-6660-3	21,000円
955	地方革新講話	西内天行	ISBN978-4-7972-6921-5	40,000円
956	市町村名辞典	杉野耕三郎	ISBN978-4-7972-6922-2	38,000円
957	市町村吏員提要〔第三版〕	田邊好一	ISBN978-4-7972-6923-9	60,000円
958	帝国市町村便覧	大西林五郎	ISBN978-4-7972-6924-6	57,000円
959	最近検定 市町村名鑑 附 官国幣社 及 諸学校所在地一覧	藤澤衛彦、伊東順彦、増田穆、関惣右衛門	ISBN978-4-7972-6925-3	64,000円
960	鼇頭対照 市町村制解釈 附 理由書 及 参考諸布達	伊藤寿	ISBN978-4-7972-6926-0	40,000円
961	市町村制釈義 完　附 市町村制理由	水越成章	ISBN978-4-7972-6927-7	36,000円
962	府県郡市町村 模範治績　附 耕地整理法 産業組合法 附属法令	荻野千之助	ISBN978-4-7972-6928-4	74,000円
963	市町村大字読方名彙〔大正十四年度版〕	小川琢治	ISBN978-4-7972-6929-1	60,000円
964	町村会議員選挙要覧	津田東璋	ISBN978-4-7972-6930-7	34,000円
965	市制町村制 及 府県制　附 普通選挙法	法律研究会	ISBN978-4-7972-6931-4	30,000円
966	市制町村制註釈 完　附 市制町村制理由〔明治21年初版〕	角田真平、山田正賢	ISBN978-4-7972-6932-1	46,000円
967	市町村制詳解 全　附 市町村制理由	元田肇、加藤政之助、日鼻豊作	ISBN978-4-7972-6933-8	47,000円
968	区町村会議要覧 全	阪田辨之助	ISBN978-4-7972-6934-5	28,000円
969	実用 町村制市制事務提要	河邨貞山、島村文耕	ISBN978-4-7972-6935-2	46,000円
970	新旧対照 市制町村制正文〔第三版〕	自治館編輯局	ISBN978-4-7972-6936-9	28,000円
971	細密調査 市町村便覧(三府 四十三県 北海道 樺太 台湾 朝鮮 関東州)　附 分類官公衙公私学校銀行所在地一覧表	白山榮一郎、森田公美	ISBN978-4-7972-6937-6	88,000円
972	正文 市制町村制 並 附属法規	法曹閣	ISBN978-4-7972-6938-3	21,000円
973	台湾朝鮮関東州 全国市町村便覧 各学校所在地〔第一分冊〕	長谷川好太郎	ISBN978-4-7972-6939-0	58,000円
974	台湾朝鮮関東州 全国市町村便覧 各学校所在地〔第二分冊〕	長谷川好太郎	ISBN978-4-7972-6940-6	58,000円
975	合巻 佛蘭西邑法・和蘭邑法・皇国郡区町村編成法	箕作麟祥、大井憲太郎、神田孝平	ISBN978-4-7972-6941-3	28,000円
976	自治之模範	江木翼	ISBN978-4-7972-6942-0	60,000円
977	地方制度実例総覧〔明治36年初版〕	金田謙	ISBN978-4-7972-6943-7	48,000円
978	市町村民 自治読本	武藤榮治郎	ISBN978-4-7972-6944-4	22,000円
979	町村制詳解　附 市制及町村制理由	相澤富蔵	ISBN978-4-7972-6945-1	28,000円
980	改正 市町村制 並 附属法規	楠綾雄	ISBN978-4-7972-6946-8	28,000円
981	改正 市制 及 町村制〔訂正10版〕	山野金蔵	ISBN978-4-7972-6947-5	28,000円

別巻　巻数順一覧【915 ～ 949 巻】

巻数	書　名	編・著者	ISBN	本体価格
915	改正 新旧対照市町村一覧	鍾美堂	ISBN978-4-7972-6621-4	78,000 円
916	東京市会先例彙輯	後藤新平、桐島像一、八田五三	ISBN978-4-7972-6622-1	65,000 円
917	改正 地方制度解説〔第六版〕	狭間茂	ISBN978-4-7972-6623-8	67,000 円
918	改正 地方制度通義	荒川五郎	ISBN978-4-7972-6624-5	75,000 円
919	町村制市制全書 完	中嶋廣蔵	ISBN978-4-7972-6625-2	80,000 円
920	自治新制 市町村会法要談 全	田中重策	ISBN978-4-7972-6626-9	22,000 円
921	郡市町村吏員 収税実務要書	荻野千之助	ISBN978-4-7972-6627-6	21,000 円
922	町村至宝	桂虎次郎	ISBN978-4-7972-6628-3	36,000 円
923	地方制度通 全	上山満之進	ISBN978-4-7972-6629-0	60,000 円
924	帝国議会府県会郡会市町村会議員必携 附関係法規 第1分冊	太田峯三郎、林田亀太郎、小原新三	ISBN978-4-7972-6630-6	46,000 円
925	帝国議会府県会郡会市町村会議員必携 附関係法規 第2分冊	太田峯三郎、林田亀太郎、小原新三	ISBN978-4-7972-6631-3	62,000 円
926	市町村是	野田千太郎	ISBN978-4-7972-6632-0	21,000 円
927	市町村執務要覧 全 第1分冊	大成館編輯局	ISBN978-4-7972-6633-7	60,000 円
928	市町村執務要覧 全 第2分冊	大成館編輯局	ISBN978-4-7972-6634-4	58,000 円
929	府県会規則大全　附 裁定録	朝倉達三、若林友之	ISBN978-4-7972-6635-1	28,000 円
930	地方自治の手引	前田宇治郎	ISBN978-4-7972-6636-8	28,000 円
931	改正 市制町村制と衆議院議員選挙法	服部喜太郎	ISBN978-4-7972-6637-5	28,000 円
932	市町村国税事務取扱手続	広島財務研究会	ISBN978-4-7972-6638-2	34,000 円
933	地方自治制要義 全	末松偕一郎	ISBN978-4-7972-6639-9	57,000 円
934	市町村特別税之栞	三邊長治、水谷平吉	ISBN978-4-7972-6640-5	24,000 円
935	英国地方制度 及 税法	良保両氏、水野遵	ISBN978-4-7972-6641-2	34,000 円
936	英国地方制度 及 税法	髙橋達	ISBN978-4-7972-6642-9	20,000 円
937	日本法典全書 第一編 府県制郡制註釈	上條慎蔵、坪谷善四郎	ISBN978-4-7972-6643-6	58,000 円
938	判例挿入 自治法規全集 全	池田繁太郎	ISBN978-4-7972-6644-3	82,000 円
939	比較研究 自治之精髄	水野錬太郎	ISBN978-4-7972-6645-0	22,000 円
940	傍訓註釈 市制町村制 並ニ 理由書〔第三版〕	筒井時治	ISBN978-4-7972-6646-7	46,000 円
941	以呂波引町村便覧	田山宗堯	ISBN978-4-7972-6647-4	37,000 円
942	町村制執務要録 全	鷹巣清二郎	ISBN978-4-7972-6648-1	46,000 円
943	地方自治 及 振興策	床次竹二郎	ISBN978-4-7972-6649-8	30,000 円
944	地方自治講話	田中四郎左衛門	ISBN978-4-7972-6650-4	36,000 円
945	地方施設改良 訓諭演説集〔第六版〕	鹽川玉江	ISBN978-4-7972-6651-1	40,000 円
946	帝国地方自治団体発達史〔第三版〕	佐藤亀齢	ISBN978-4-7972-6652-8	48,000 円
947	農村自治	小橋一太	ISBN978-4-7972-6653-5	34,000 円
948	国税 地方税 市町村税 滞納処分法問答	竹尾高堅	ISBN978-4-7972-6654-2	28,000 円
949	市町村役場実用 完	福井淳	ISBN978-4-7972-6655-9	40,000 円

別巻　巻数順一覧【878～914巻】

巻数	書　名	編・著者	ISBN	本体価格
878	明治史第六編 政黨史	博文館編輯局	ISBN978-4-7972-7180-5	42,000円
879	日本政黨發達史 全〔第一分冊〕	上野熊藏	ISBN978-4-7972-7181-2	50,000円
880	日本政黨發達史 全〔第二分冊〕	上野熊藏	ISBN978-4-7972-7182-9	50,000円
881	政党論	梶原保人	ISBN978-4-7972-7184-3	30,000円
882	獨逸新民法商法正文	古川五郎、山口弘一	ISBN978-4-7972-7185-0	90,000円
883	日本民法鼇頭對比獨逸民法	荒波正隆	ISBN978-4-7972-7186-7	40,000円
884	泰西立憲國政治攬要	荒井泰治	ISBN978-4-7972-7187-4	30,000円
885	改正衆議院議員選擧法釋義 全	福岡伯、横田左仲	ISBN978-4-7972-7188-1	42,000円
886	改正衆議院議員選擧法釋義 附 改正貴族院令,治安維持法	犀川長作、犀川久平	ISBN978-4-7972-7189-8	33,000円
887	公民必携 選擧法規ト判決例	大浦兼武、平沼騏一郎、木下友三郎、清水澄、三浦數平	ISBN978-4-7972-7190-4	96,000円
888	衆議院議員選擧法輯覽	司法省刑事局	ISBN978-4-7972-7191-1	53,000円
889	行政司法選擧判例總覽―行政救濟と其手續―	澤田竹治郎・川崎秀男	ISBN978-4-7972-7192-8	72,000円
890	日本親族相續法義解 全	髙橋捨六・堀田馬三	ISBN978-4-7972-7193-5	45,000円
891	普通選擧文書集成	山中秀男・岩本溫良	ISBN978-4-7972-7194-2	85,000円
892	普選の勝者 代議士月旦	大石末吉	ISBN978-4-7972-7195-9	60,000円
893	刑法註釋 卷一～卷四(上卷)	村田保	ISBN978-4-7972-7196-6	58,000円
894	刑法註釋 卷五～卷八(下卷)	村田保	ISBN978-4-7972-7197-3	50,000円
895	治罪法註釋 卷一～卷四(上卷)	村田保	ISBN978-4-7972-7198-0	50,000円
896	治罪法註釋 卷五～卷八(下卷)	村田保	ISBN978-4-7972-7198-0	50,000円
897	議會選擧法	カール・ブラウニアス、國政研究科會	ISBN978-4-7972-7201-7	42,000円
901	鼇頭註釈 町村制 附 理由 全	八乙女盛次、片野続	ISBN978-4-7972-6607-8	28,000円
902	改正 市制町村制 附 改正要義	田山宗堯	ISBN978-4-7972-6608-5	28,000円
903	増補訂正 町村制詳解〔第十五版〕	長峰安三郎、三浦通太、野田千太郎	ISBN978-4-7972-6609-2	52,000円
904	市制町村制 並 理由書 附 直接間接税類別及実施手続	高崎修助	ISBN978-4-7972-6610-8	20,000円
905	町村制要義	河野正義	ISBN978-4-7972-6611-5	28,000円
906	改正 市制町村制義解〔帝國地方行政学会〕	川村芳次	ISBN978-4-7972-6612-2	60,000円
907	市制町村制 及 関係法令〔第三版〕	野田千太郎	ISBN978-4-7972-6613-9	35,000円
908	市町村新旧対照一覧	中村芳松	ISBN978-4-7972-6614-6	38,000円
909	改正 府県郡制問答講義	木内英雄	ISBN978-4-7972-6615-3	28,000円
910	地方自治提要 全 附 諸届願書式 日用規則抄録	木村時義、吉武則久	ISBN978-4-7972-6616-0	56,000円
911	訂正増補 市町村制問答詳解 附 理由及追輯	福井淳	ISBN978-4-7972-6617-7	70,000円
912	改正 府県制郡制註釈〔第三版〕	福井淳	ISBN978-4-7972-6618-4	34,000円
913	地方制度実例総覧〔第七版〕	自治館編輯局	ISBN978-4-7972-6619-1	78,000円
914	英国地方政治論	ジョージ・チャールズ・ブロドリック、久米金彌	ISBN978-4-7972-6620-7	30,000円

巻数	書　名	編・著者	ISBN	本体価格
843	法律汎論	熊谷直太	ISBN978-4-7972-7141-6	40,000 円
844	英國國會選擧訴願判決例 全	オマリー、ハードカッスル、サンタース	ISBN978-4-7972-7142-3	80,000 円
845	衆議院議員選擧法改正理由書 完	内務省	ISBN978-4-7972-7143-0	40,000 円
846	戇齋法律論文集	森作太郎	ISBN978-4-7972-7144-7	45,000 円
847	雨山遺稾	渡邉輝之助	ISBN978-4-7972-7145-4	70,000 円
848	法曹紙屑籠	鷺城逸史	ISBN978-4-7972-7146-1	54,000 円
849	法例彙纂 民法之部 第一篇	史官	ISBN978-4-7972-7147-8	66,000 円
850	法例彙纂 民法之部 第二篇〔第一分冊〕	史官	ISBN978-4-7972-7148-5	55,000 円
851	法例彙纂 民法之部 第二篇〔第二分冊〕	史官	ISBN978-4-7972-7149-2	75,000 円
852	法例彙纂 商法之部〔第一分冊〕	史官	ISBN978-4-7972-7150-8	70,000 円
853	法例彙纂 商法之部〔第二分冊〕	史官	ISBN978-4-7972-7151-5	75,000 円
854	法例彙纂 訴訟法之部〔第一分冊〕	史官	ISBN978-4-7972-7152-2	60,000 円
855	法例彙纂 訴訟法之部〔第二分冊〕	史官	ISBN978-4-7972-7153-9	48,000 円
856	法例彙纂 懲罰則之部	史官	ISBN978-4-7972-7154-6	58,000 円
857	法例彙纂 第二版 民法之部〔第一分冊〕	史官	ISBN978-4-7972-7155-3	70,000 円
858	法例彙纂 第二版 民法之部〔第二分冊〕	史官	ISBN978-4-7972-7156-0	70,000 円
859	法例彙纂 第二版 商法之部・訴訟法之部〔第一分冊〕	太政官記録掛	ISBN978-4-7972-7157-7	72,000 円
860	法例彙纂 第二版 商法之部・訴訟法之部〔第二分冊〕	太政官記録掛	ISBN978-4-7972-7158-4	40,000 円
861	法令彙纂 第三版 民法之部〔第一分冊〕	太政官記録掛	ISBN978-4-7972-7159-1	54,000 円
862	法令彙纂 第三版 民法之部〔第ニ分冊〕	太政官記録掛	ISBN978-4-7972-7160-7	54,000 円
863	現行法律規則全書（上）	小笠原美治、井田鐘次郎	ISBN978-4-7972-7162-1	50,000 円
864	現行法律規則全書（下）	小笠原美治、井田鐘次郎	ISBN978-4-7972-7163-8	53,000 円
865	國民法制通論 上卷・下卷	仁保龜松	ISBN978-4-7972-7165-2	56,000 円
866	刑法註釋	磯部四郎、小笠原美治	ISBN978-4-7972-7166-9	85,000 円
867	治罪法註釋	磯部四郎、小笠原美治	ISBN978-4-7972-7167-6	70,000 円
868	政法哲學 前編	ハーバート・スペンサー、濱野定四郎、渡邊治	ISBN978-4-7972-7168-3	45,000 円
869	政法哲學 後編	ハーバート・スペンサー、濱野定四郎、渡邊治	ISBN978-4-7972-7169-0	45,000 円
870	佛國商法復説 第壹篇自第壹卷至第七卷	リウヒエール、商法編纂局	ISBN978-4-7972-7171-3	75,000 円
871	佛國商法復説 第壹篇第八卷	リウヒエール、商法編纂局	ISBN978-4-7972-7172-0	45,000 円
872	佛國商法復説 自第二篇至第四篇	リウヒエール、商法編纂局	ISBN978-4-7972-7173-7	70,000 円
873	佛國商法復説 書式之部	リウヒエール、商法編纂局	ISBN978-4-7972-7174-4	40,000 円
874	代言試驗問題擬判録 全 附録明治法律學校民刑問題及答案	熊野敏三、宮城浩蔵 河野和三郎、岡義男	ISBN978-4-7972-7176-8	35,000 円
875	各國官吏試驗法類集 上・下	内閣	ISBN978-4-7972-7177-5	54,000 円
876	商業規篇	矢野亨	ISBN978-4-7972-7178-2	53,000 円
877	民法実用法典 全	福田一覺	ISBN978-4-7972-7179-9	45,000 円

別巻　巻数順一覧【810～842巻】

巻数	書　名	編・著者	ISBN	本体価格
810	訓點法國律例 民律 上卷	鄭永寧	ISBN978-4-7972-7105-8	50,000円
811	訓點法國律例 民律 中卷	鄭永寧	ISBN978-4-7972-7106-5	50,000円
812	訓點法國律例 民律 下卷	鄭永寧	ISBN978-4-7972-7107-2	60,000円
813	訓點法國律例 民律指掌	鄭永寧	ISBN978-4-7972-7108-9	58,000円
814	訓點法國律例 貿易定律・園林則律	鄭永寧	ISBN978-4-7972-7109-6	60,000円
815	民事訴訟法 完	本多康直	ISBN978-4-7972-7111-9	65,000円
816	物権法(第一部)完	西川一男	ISBN978-4-7972-7112-6	45,000円
817	物権法(第二部)完	馬場愿治	ISBN978-4-7972-7113-3	35,000円
818	商法五十課 全	アーサー・B・クラーク、本多孫四郎	ISBN978-4-7972-7115-7	38,000円
819	英米商法律原論 契約之部及流通券之部	岡山兼吉、淺井勝	ISBN978-4-7972-7116-4	38,000円
820	英國組合法 完	サー・フレデリック・ポロック、榊原幾久若	ISBN978-4-7972-7117-1	30,000円
821	自治論 一名人民ノ自由 卷之上・卷之下	リーバー、林董	ISBN978-4-7972-7118-8	55,000円
822	自治論纂 全一册	獨逸學協會	ISBN978-4-7972-7119-5	50,000円
823	憲法彙纂	古屋宗作、鹿島秀麿	ISBN978-4-7972-7120-1	35,000円
824	國會汎論	ブルンチュリー、石津可輔、讃井逸三	ISBN978-4-7972-7121-8	30,000円
825	威氏法學通論	エスクバック、渡邊輝之助、神山亨太郎	ISBN978-4-7972-7122-5	35,000円
826	萬國憲法 全	高田早苗、坪谷善四郎	ISBN978-4-7972-7123-2	50,000円
827	綱目代議政體	J・S・ミル、上田充	ISBN978-4-7972-7124-9	40,000円
828	法學通論	山田喜之助	ISBN978-4-7972-7125-6	30,000円
829	法學通論 完	島田俊雄、溝上與三郎	ISBN978-4-7972-7126-3	35,000円
830	自由之權利 一名自由之理 全	J・S・ミル、高橋正次郎	ISBN978-4-7972-7127-0	38,000円
831	歐洲代議政體起原史 第一册・第二册／代議政體原論 完	ギゾー、漆間眞學、藤田四郎、アンドリー、山口松五郎	ISBN978-4-7972-7128-7	100,000円
832	代議政體 全	J・S・ミル、前橋孝義	ISBN978-4-7972-7129-4	55,000円
833	民約論	J・J・ルソー、田中弘義、服部徳	ISBN978-4-7972-7130-0	40,000円
834	歐米政黨沿革史總論	藤田四郎	ISBN978-4-7972-7131-7	30,000円
835	内外政黨事情・日本政黨事情 完	中村義三、大久保常吉	ISBN978-4-7972-7132-4	35,000円
836	議會及政黨論	菊池學而	ISBN978-4-7972-7133-1	35,000円
837	各國之政黨 全〔第1分册〕	外務省政務局	ISBN978-4-7972-7134-8	70,000円
838	各國之政黨 全〔第2分册〕	外務省政務局	ISBN978-4-7972-7135-5	60,000円
839	大日本政黨史 全	若林清、尾崎行雄、箕浦勝人、加藤恒忠	ISBN978-4-7972-7137-9	63,000円
840	民約論	ルソー、藤田浪人	ISBN978-4-7972-7138-6	30,000円
841	人權宣告辯妄・政治眞論一名主權辯妄	ベンサム、草野宣隆、藤田四郎	ISBN978-4-7972-7139-3	40,000円
842	法制講義 全	赤司鷹一郎	ISBN978-4-7972-7140-9	30,000円